KB055071

국가

올바름을 향한 끝없는 대화

청소년 철학창고 01
국가 올바름을 향한 끝없는 대화

초판 1쇄 발행 2005년 3월 15일 | 초판 14쇄 발행 2021년 8월 30일

풀어쓴이 송재범
펴낸이 홍석 | 이사 홍성우 | 기획 채희석
인문편집팀장 박월 | 편집 박주혜 | 표지 디자인 황종환 | 본문 디자인 서은경
마케팅 이송희·이가은·한유리 | 관리 최우리·김정선·정원경·홍보람·조영행
펴낸곳 도서출판 풀빛 | 등록 1979년 3월 6일 제2021-000055호
주소 07547 서울시 강서구 양천로 583 우림블루나인 A동 21층 2110호
전화 02-363-5995(영업), 02-364-0844(편집) | 팩스 070-4275-0445
홈페이지 www.pulbit.co.kr | 전자우편 inmun@pulbit.co.kr

ISBN 978-89-7474-527-1 44160
ISBN 978-89-7474-526-4 44080 (세트)

이 도서의 국립중앙도서관 출판예정도서목록(CIP)은 서지정보유통지원시스템 홈페이지(http://seoji.nl.go.kr)와
국가자료공동목록시스템(http://www.nl.go.kr/kolisnet)에서 이용하실 수 있습니다. (CIP제어번호: CIP2005000421)

국가

올바름을 향한 끝없는 대화

플라톤 지음 | 송재범 풀어씀

'청소년 철학창고'를 펴내며

우리 청소년이 읽을 만한 좋은 책은 없을까? 많은 분들이 이런 고민을 하셨을 겁니다. 그러면서 흔히들 고전을 읽어야 한다고 합니다. 하지만 서점에 가서 책을 골라 보신 분들은 느꼈을 겁니다. '청소년의 지적 수준에 맞춰서 읽힐 만한 고전이 이렇게도 없는가.'라고.

고전 선택의 또 다른 어려움은 고전의 범위가 매우 넓다는 것입니다. 청소년 시기에는 시간과 능력의 한계 때문에 그 많은 고전들을 모두 읽을 수 없습니다. 그렇다면 어떤 책을 읽어야 할까요?

이런 여러 현실적인 어려움을 고려해 기획한 것이 풀빛 '청소년 철학창고'입니다. '청소년 철학창고'는 고전의 핵심이라 할 수 있는 '철학'에 더 많은 무게를 실었습니다. 그 이유는 무엇일까요?

사람들은 일반적으로 철학을 현실과 동떨어진 공리공담이나 펼치는 학문이라고 생각합니다. 하지만 철학적 사고의 핵심은 사물과 현상을 다양하게 분석하고 종합해서 그 원칙이나 원리를 찾아내는 것입니다. 그래서 철학은 인간과 세상에 대해 깊이 있게 생각하고, 논리적으로 종합하는 능력을 키워 줍니다. 그런 만큼 세상과 인간에 대해 눈떠 가는 청소년 시기에 정말로 필요한 공부입니다.

하지만 모든 고전이 그렇듯이 철학 고전 또한 읽기가 쉽지 않습니다. 그래서 '청소년 철학창고'는 청소년의 눈높이에 맞추기 위해 선정에서부터 원문 구성에 이르기까지 많은 노력을 기울였습니다.

첫째, 책을 선정하는 과정에서부터 엄격함을 유지했습니다. 동양·서양·한국 철학 전공자들이 많은 회의 과정을 거쳐, 각 시대마다 동서양과 한국을 대표하는 철학 고전들을 엄선했습니다. 특히 우리 선조들의 사상과 동시대 동서양의 사상들을 주체적인 입장에서 비교하고 검토할 수 있도록 했습니다.

둘째, 고전 읽기의 참다운 맛을 살리기 위해 최대한 원문을 중심으로 구성했습니다. 물론 원문 읽기의 어려움을 해결하기 위해 새롭게 번역하고 재정리했습니다. 그리고 청소년이라면 누구나 어렵지 않게 읽으면서 고전이 주는 의미와 내용을 이해할 수 있도록 설명을 덧붙였고, 전체 해설을 통해 저자의 사상과 전체 내용을 다시 한번 정리해 주었습니다.

마지막으로 쉬운 것부터 읽기 시작해 점차 사고의 폭을 넓혀 가도록 난이도에 따라 세 단계로 구분했습니다. 물론 단계와 상관없이 읽고 싶은 순서대로 읽어도 됩니다.

우리 선정위원들은 고전 읽기의 진정한 의미가 '옛것을 되살려 오늘을 새롭게 한다(溫故知新).'는 데 있다고 생각합니다. '청소년 철학창고'를 통해 자라나는 청소년들이 인간과 사물에 대한 깊은 통찰력을 키워, 밝은 미래를 열어 나갈 수 있기를 진정으로 바랍니다.

2005년 2월

선정위원   허우성(경희대 교수, 동양 철학)   윤찬원(인천대 교수, 동양 철학)

정영근(서울산업대 교수, 한국 철학)   허남진(서울대 교수, 한국 철학)

이남인(서울대 교수, 서양 철학)   한자경(이화여대 교수, 서양 철학)

들어가는 말

'만약 내가 투명인간이 될 수 있다면 무엇을 할까?'

누구나 청소년 시기에 이런 공상을 한 번쯤 했을 것이다. 그러나 이에 대한 답은 사람들마다 각양각색이다. 남을 도와준다는 사람도 있을 것이고, 보석과 같은 귀중품을 몰래 갖고 싶다는 사람도 있을 것이다. 이와 비슷한 얘기가 《국가》에도 나오는데, '기게스의 반지'라는 신화다. 이 신화를 예로 들어, 투명인간이 되면 모든 사람이 자기 욕심을 채울 것이기 때문에, 올바름보다는 올바르지 못함이 현실적인 이익을 준다고 《국가》의 대화자 가운데 한 명인 글라우콘은 주장한다.

그렇다면 과연 올바름이란 무엇일까? 우리가 어떤 상황에서든 올바르게 살기 위해서는 이러한 물음에 대한 자기 대답이 있어야 한다. 그러나 이 대답이 결코 쉽지는 않다. 특히 세상이 급격히 변화하거나 혼란스러울 때, 그 대답은 더욱 어렵다.

플라톤이 살았던 시대도 매우 혼란했다. 그는 이 시기를 살면서 가치관의 혼란과 존경하던 스승 소크라테스의 죽음을 경험해야 했다. 이 과정에서 그는 어떻게 하면 올바른 삶과 올바른 국가를 실현할 수 있을까를 고민했는데, 그 고민이 담긴 책이 바로 《국가》다. 따라서 《국가》는 처음부터 마지막까지 올바름을 찾아가는 대화들로 구성되어 있다. 이 올바름에 대한 탐색은 사람 개개인의 올바름에 대한 탐색에서 국가의 올바름에 대한 탐색으로 이어지며, 다시 국가의 올바름을 사람 개개인의 올바름과 비교해 보는 방식으로 진행된다.

그런데 플라톤이 제시하는 방안들은 지나치게 이상적이어서, 그것이 현실에서 가능할까라는 의문이 들기도 한다. 철학자들이 통치하는 최선자 정체라든가, 국가 수호자들의 처자 및 재산 공유와 같은 내용들은 실현되기 어려운 것으로 보인다. 그러나 플라톤이 불가능해 보이는 이상 국가를 주장한 이면에는, 역설적으로 훌륭한 국가를 만들려면 문제의 핵심을 어디서 찾아야 하는지를 알려 주는 열쇠가 있다. 예를 들어 민주주의를 '대중의 어리석은 정치'라고 한 플라톤의 평가를 비판하기에 앞서 오늘날의 민주주의를 반성해 본다면, 우리의 민주주의를 더 나은 방향으로 발전시킬 수 있는 계기가 될 수도 있을 것이다.

그러나 무엇보다도 《국가》를 통해 깨닫는 것은 이익과 욕망에 밀려서 제자리를 찾지 못하는 올바름을 되돌아본다는 점이다. 올바름을 실천하기 위해서는 그 올바름이 무엇인지를 먼저 찾아내야 한다. 올바름에 대해서 고민조차 하지 않거나, 올바름에 대해서 애써 눈감으려 하는 사람들에게 《국가》는 진정으로 올바른 삶을 찾아가려는 진지한 고민과 그 과정을 보여 준다. 그래서 《국가》는 올바른 삶을 살고자 하는 사람에게는 그 어느 것과도 비교할 수 없는 가치를 지닌 책이라고 할 수 있다.

2005년 2월
송재범

| 차 례 |

• '청소년 철학창고'를 펴내며_ 5
• 들어가는 말_ 7
• 《국가》에 등장하는 대화자들_ 10

제1권   올바름이란 무엇인가?_ 14

제2권   올바름과 국가의 기원_ 38

제3권   수호자들의 교육과 생활_ 60

제4권   올바른 국가와 올바른 사람_ 72

제5권   철인이 통치하는 국가_ 100

제6권   통치자의 자질과 좋음의 이데아_ 120

제7권   철인 통치자의 완성_ 138

제8권   타락한 국가와 혼_ 150

제9권   마음속의 이상 국가_ 168

제10권   올바른 삶에 대한 보상_ 182

• 플라톤의 사상과 《국가》 따라잡기_ 196
• 플라톤 연보_ 220

《국가》에 등장하는 대화자들

소크라테스
Sōcrates

《국가》에서 소크라테스는 자신이 전날 여러 사람과 나눈 대화의 내용을 누군가에게 들려주고 있다. 여러 가지 정황과 내용으로 볼 때, 대화를 나누고 있는 소크라테스의 나이는 50대 후반쯤으로 보인다.

케팔로스
Kephalos

시라쿠사 출신으로, 아테네에서 30년간 거주하면서 방패 제조 공장을 운영하여 돈을 많이 벌었다. 이날의 대화도 그의 집에서 이루어진다.

폴레마르코스
Polemarchos

케팔로스의 큰아들로, 기원전 404년~403년에 30인 과두 정권에 의해 처형당하고 재산도 몰수당한다. 제1권에서는 소크라테스의 추종자로 그려져 있는데, 나이는 소크라테스보다 약 다섯 살 정도 어린 것으로 보인다.

트라시마코스
Thrasymachos

흑해 입구의 중요 교역 도시인 칼케돈 출신의 이름난 소피스트다. 활동 기간은 대략 기원전 430년~400년이며, 소크라테스보다는 약 열 살쯤 연하로 보인다. 《국가》 제1권이 흔히 그의 이름으로 불리기도 하는데, 그 이유는 제1권에서 그가 소크라테스의 주요 대화 상대자로 등장하기 때문이다.

아데이만토스
Adeimantos

플라톤의 큰형이다. 글라우콘을 플라톤의 큰형으로 보는 사람도 있으나, 제8권에서 그가 글라우콘에 대해 평하는 말투로 미루어 볼 때 그를 큰형으로 보는 것이 옳을 것 같다.

글라우콘
Glaukon

플라톤의 작은형이며, 아데이만토스와 함께 주요 대화자로 등장한다.

| 일러두기 |

1. 이 책은 Oxford Classies Texts 중 버넷(Burnet, J)이 편집한 《Platonis Opera》 제4권 《Politeia》를 기본 텍스트로 하고, 국내 번역본 중에서는 《국가》(박종현 역, 서광사, 1997) 등을 주로 참고하였다.

2. 각 권의 내용과 전체적인 내용의 흐름을 쉽게 이해할 수 있도록 하기 위하여, 제1권부터 제10권까지 각 권의 맨 앞에 그 내용을 요약해 놓았다.

3. 꼬리를 물고 이어지는 대화 내용을 전체적으로 이해하기 위해서는 쉬지 않고 한 권을 다 읽어야 하는데, 그러기는 쉽지 않기 때문에 각 권의 내용을 몇 부분으로 나누어 소제목을 붙였다.

4. 글의 전개 형태를 원문과는 달리 희곡 형식으로 구성했다. 대화 내용 앞에 말을 한 사람을 일일이 제시하여, 대화의 흐름을 명확하게 파악하고 누가 한 말인지를 정확히 알 수 있게 했다.

5. 원문의 용어를 우리말로 옮기면서 원문에서 말하고자 하는 의미와 일반적으로 쓰는 말의 두 측면을 모두 고려하여, 처음 등장하는 개념어는 괄호 안에 함께 표기했다. 예를 들어 '올바름(정의)'으로 처리한 것과 같다. 물론 뒤에는 읽기에 편하도록 문맥에 맞추어 하나로 통일했다. 그리고 개념적인 용어나 내용에 대한 설명이 더 필요한 부분은 별도의 해설로 처리했다.

6. 너무 어렵거나 불필요한 부분 등은 일부 삭제했고, 삭제한 부분의 내용은 요약해 놓았다. 삭제 기준은 청소년들이 읽기 편하도록 한다는 취지에 맞춰 결정했다.

올바름이란 무엇인가?

나는 올바르지 못함이 올바름보다 더 이익이 된다고 생각하지 않소. 가령 어떤 올바르지 못한 사람이 있고, 그 사람이 남몰래 올바르지 못한 짓을 저지를 수 있다고 합시다. 그렇더라도 올바르지 못함이 올바름보다도 더 이익이 된다고 나를 설득하지는 못할 것이오.

제 1 권

올바름이란 무엇인가?

소크라테스는 축제 구경을 하고 돌아오는 도중 폴레마르코스의 집으로 가서 케팔로스 노인을 만나고, 거기 있던 몇몇 사람과 대화를 나눈다. 대화의 주제는 '올바름(정의)이란 무엇인가?'이고, 여기서 소크라테스와 핵심적인 논쟁을 벌이는 사람은 폴레마르코스와 트라시마코스다.

먼저 폴레마르코스는 올바름이란 '각자에게 갚을 것을 갚는 것'이라고 규정한다. 그리고 구체적으로, 친구는 이롭게 하되 적은 해롭게 하는 것이라고 말한다. 그러나 소크라테스는 올바른 사람이 남을 해롭게 한다는 것은 있을 수 없다고 하면서, 폴레마르코스의 주장을 반박한다. 결국 폴레마르코스도 이것을 받아들인다.

다음으로 등장한 트라시마코스는 올바름이란 '강자(통치자)의 이익'이라고 규정한다. 강자는 권력을 장악하여 자신에게 이익이 되는 법률을 제정하여 약자(통치받는 자)들에게 따르라고 한다는 것이다. 이에 대하여 소크라테스는 진정한 의사는 환자의 건강을 생각하고 진정한 선장은 선원을 생각하듯이, 진정한 통치자는 자기의 이익을 생각하지 않고 통치받는 사람들의 이익을 생각한다고 말한다.

이러한 반론에 의해 올바름에 대한 트라시마코스의 주장도 잘못된 것으로 밝혀진다. 결국 올바름이 올바르지 못함(불의)보다 더욱 강력한 힘을 갖고 있으며, 올바름이 올바르지 못함보다 이익이 되며, 올바른 사람이 올바르지 못한 사람보다 더 행복하다는 결론에 도달한다.

대화의 시작

소크라테스는 글라우콘과 함께 피레우스 항구로 가서 축제를 구경한다. 축제 구경을 마치고 시내로 돌아오는 길에 폴레마르코스의 집으로 초청을 받는데, 그 집에서 폴레마르코스의 아버지 케팔로스를 만나 대화가 시작된다.

케팔로스 　소크라테스 선생! 나는 나이가 들면서 육체적 욕망이 줄어드는 대신, 사람들과 대화를 나누고 싶어집니다. 그러니 이제는 친구나 가까운 친지처럼 자주 찾아 주십시오.

소크라테스 　저도 연로하신 분들과 대화하는 것을 아주 좋아합니다. 어르신들께 인생이 어떤 것인지를 듣고 싶어섭니다. 인생에서 노년이 얼마나 어려운 고비인지 듣고 싶습니다.

케팔로스 　소크라테스 선생! 우리 노인들은 모였다 하면 젊은 시절의 즐거움을 아쉬워하며, 한때는 잘살았지만 지금 사는 건 사는 게 아니라고들 말하죠. 그런가 하면 어떤 노인들은 친척들의 불손한 태도에 대해 탄식하고, 자신들의 온갖 불행이 나이 든 탓이라고 말합니다.

하지만 소크라테스 선생, 내가 생각하기에 그건 나이 든 탓이 아니라 사람들의 생활 방식 때문인 듯합니다. 절도 있고 작은 것에도 만족할 수 있으면 늙어서도 충분히 견딜 수 있지만, 그렇지 못하면 늙음도 젊음도 모두 견디기가 힘들 겁니다.

소크라테스 　케팔로스 님! 많은 사람들은 어르신께서 나이가 드셨음에
도 노년을 쉽게 견뎌 내는 것은 생활 방식 때문이 아니라 재산이 많
기 때문이라고 생각할 것입니다. 부자들에겐 위안거리가 많다고들
하니까요.

케팔로스 　옳은 말씀입니다.

소크라테스 　그렇다면 어르신께서는 재산이 많아서 덕을 보신 것 중에
가장 좋은 게 무엇이라고 생각하시는지요?

케팔로스 　소크라테스 선생! 사람은 자기가 죽을 때가 되었다는 생각
이 들면, 전에는 전혀 없었던 두려움과 근심에 휩싸입니다. 이승에
서 나쁜 짓을 저지른 자는 저승에서 벌을 받아야 된다는 이야기가
마음을 괴롭히니까 말이지요. 그래서 늙은 사람들은 불길함과 두려
움에 가득 차서, 혹시 전에 남에게 옳지 못한 일을 한 적이 있는지
곰곰이 생각하게 되죠.

　일생 동안 자신이 많은 잘못을 저질렀음을 깨달은 사람은, 마치
아이처럼 겁에 질린 채로 잠에서 자주 깨어나고 불길한 예감 속에
서 살아갑니다. 하지만 자신이 아무런 잘못도 저지르지 않았다고
생각하는 사람은 즐겁고 밝은 희망을 갖고 살아갑니다. 바로 이 때
문에 재산이 필요합니다. 재산을 많이 갖고 있으면 남을 속이거나
거짓말을 하지 않아도 되고, 신께 제물을 바치지 못해 빚지거나 다
른 사람에게 돈을 갚지 못한 채로 저승으로 가지 않아도 되기 때문

이지요.

소크라테스 아주 훌륭한 말씀입니다. 케팔로스 님! 하지만 올바름(정의)[1]을 그처럼 무조건적으로 정직함과 남한테서 받은 것을 갚는 것이라고 말할 수 있습니까? 아니면 때로는 그렇게 하는 게 옳지만, 때로는 옳지 않다고 말해야 합니까?

제가 말하려는 것은 이런 겁니다. 가령 어떤 사람에게, 한 친구가 정신이 멀쩡했을 때 무기를 맡겨 놓았다가 미친 상태로 와서 돌려달라고 한다면, 사람들은 누구든지 다음과 같이 말할 것입니다. 무기를 돌려주면 안 되고, 돌려주는 사람이 미친 상태인 사람에게 무조건 정직하게 말하는 것이 반드시 옳은 것은 아니라고 말입니다.

케팔로스 옳은 말씀입니다.

소크라테스 그렇다면 진실을 말하는 것과 받은 것을 갚는 것, 이것이 모두 올바름에 대한 확실한 의미 규정은 못 되는군요.

이때 폴레마르코스가 끼어들어 말참견을 했다.

---

1) 흔히 정의(justice)로 번역되는 'dikaiosynē'는 플라톤의 《국가》에서 가장 중요한 단어 가운데 하나다. 그러나 플라톤이 이 책을 통해 말하고자 하는 바를 더 잘 전달하기 위해서는 '올바름'으로 번역해야 한다는 주장도 있다. 이런 주장에 따른다면 '정의'와 '불의'라는 단어 대신, '올바름'과 '올바르지 못함'이라는 단어가 더 어울릴 것이다. 그래서 이 책에서는 문맥에 맞춰 '올바름' 또는 '올바르지 못함'을 주로 사용한다.

올바름은 친구에겐 이롭게, 적에겐 해롭게 해 주는 것?

폴레마르코스 아닙니다, 소크라테스 선생님! 적어도 시모니데스(Simōnidēs, 케오스 섬 출신의 서정 시인)의 주장에 동조한다면 말씀입니다.

소크라테스 그러면 말해 보게나, 폴레마르코스. 시모니데스가 올바름에 대하여 무슨 말을 했다는 것인가?

폴레마르코스 각자에게 갚을 것을 갚는 것이 올바르다고 했습니다. 이 말은 제가 보기엔 아주 훌륭한 말인 것 같습니다.

소크라테스 하지만 도대체 그가 무슨 뜻으로 한 말인지를 나는 잘 모르겠네.

폴레마르코스 친구들에게는 무언가 좋은 일을 해 주되, 적들에게는 뭔가 나쁜 일을 당하도록 하는 것이 마땅하다는 뜻이 아닐까요?

소크라테스 그러니까 친구들에게는 이롭게 해 주되, 적들에게는 해롭게 해 주는 것이 올바름이라는 말인가?

폴레마르코스 제 생각은 그렇습니다.

소크라테스 그런데 폴레마르코스! 많은 사람들은 다른 사람들을 아주 잘못 보는 수가 있어서 친구들에겐 해롭게 해 주되―그들을 나쁜 사람으로 생각해서―, 적들에겐 이롭게 해 주는 것이―그들을 좋은 사람들로 생각해서―올바른 것처럼 되고 있네.

폴레마르코스 그럴 수도 있겠군요. 그러면 친구와 적을 이렇게 규정해 보죠. 좋은 사람이라고 생각될 뿐만 아니라 실제로도 좋은 사람을 친구로 규정하는 겁니다. 반면에 좋은 사람이라고 생각되긴 하나 실제로 그렇지 못한 사람은 친구가 아니라고 말입니다. 물론 적에 대해서도 똑같은 규정이 적용되겠고요.

소크라테스   그 주장에 따르면, 친구는 좋은 사람이고 적은 나쁜 사람이 되겠지?

폴레마르코스   예.

소크라테스   그러니까 자네는 실제로 좋은 친구에게는 이익이 되게 해 주되, 실제로 나쁜 적에게는 해롭게 해 주는 것이 올바른 것이라고 주장하는 건가?

폴레마르코스   예, 그렇습니다. 그렇게 말하는 것이 제 뜻을 잘 표현한 것이라고 생각합니다.

소크라테스   하지만 다른 사람을 해롭게 하는 일이 올바른 사람이 할 짓일까? 다시 말해서, 올바른 사람이 자신의 훌륭함(덕)[2]을 가지고 다른 사람을 나쁜 사람으로 만들 수 있을까?

폴레마르코스   그야 불가능합니다.

---

2) 훌륭함으로 번역한 'aretē'는 이 책에서 자주 등장하는 단어인데, 한마디로 모든 사물이 가장 좋고 훌륭한 상태에 있는 것을 말한다. 즉, 이 세상의 모든 사물마다 나름의 기능이 있는데, 그 기능을 가장 잘 발휘하는 상태를 가리키는 것이다. 예를 들어 눈의 기능은 보는 것인데, 보는 기능이 가장 잘 발휘되고 있을 때, 우리는 훌륭한 눈이라고 할 수 있다. 그런데 이 'aretē'라는 단어를 사람에게 적용할 때는 덕(德)으로 많이 번역된다. '덕 있는 사람', '덕스러운 사람'이란 본래 사람이 갖추어야 할 최상의 상태를 갖추고 있는 사람을 말하는 것이다. 그러나 이 책에서는 '덕'보다는 '훌륭함'이 문맥상 더 적절하다고 판단되기 때문에 주로 '훌륭함'으로 쓰기로 한다.

소크라테스 그렇다면 폴레마르코스! 해를 입히는 것은 상대가 친구든 또는 다른 누구든 간에 올바른 사람이 할 일이 아니라 그와 반대되는 인간, 즉 올바르지 못한 사람이 할 짓이야.

폴레마르코스 옳은 말씀 같습니다.

소크라테스 그러니까 각자에게 갚을 것을 갚는 것이 올바르다고 주장하면서 적들에게는 해를 주되 친구들에게는 이로움을 주는 사람이 올바른 사람이라고 말한다면, 그렇게 말하는 사람은 결코 현명한 사람이 아니야. 그 사람이 한 말은 진실이 아니기 때문이지. 누구를 해치는 것은 어떤 경우에도 올바른 행동이 아니니까 말일세.

폴레마르코스 동의합니다.

올바름이란 강자의 이익?

이렇게 소크라테스와 폴레마르코스가 대화하는 사이에 트라시마코스가 여러 차례 논의에 끼어들려고 했지만, 옆에 앉아 있던 사람들이 이 둘의 얘기를 끝까지 듣고 싶어 했기 때문에 끼어들 수 없었다. 그런데 둘이 이야기를 잠시 중단하자 트라시마코스가 더 이상 침묵을 지키지 못하고, 마치 야수처럼 혼신의 힘을 다해 대화에 끼어들었다. 그래서 소크라테스와 폴레마르코스는 무서운 나머지 겁에 질려 버렸다. 그는 두 사람에게 소리를 지르며 말했다.

트라시마코스 두 분께서는 아까부터 무슨 그런 허튼 소리에 매달려 계십니까? 도대체 무엇 때문에 그렇게 서로 양보하면서 어리석은 짓들을 하십니까? 그리고 소크라테스 선생께선 올바른 것이 무엇인지 정말 알고자 하신다면, 묻기만 하거나 대답에 논박만 하면서 뽐내려고만 하지 마십시오. 대답하는 것보다는 질문하는 게 더 쉽다는 것을 선생께서는 알고 계십니다. 그러니 선생께서도 몸소 대답해 보시죠. 올바른 것이 무엇인지를!

소크라테스 아, 트라시마코스 선생! 우리한테 심하게 하지는 마시오. 혹시 나와 이 사람이 논의 과정에서 무언가 잘못을 저질렀다면, 그건 본의가 아니라는 걸 이해해 주시오. 우리로선 열성껏 하고 있소. 오히려 능력이 미치지 못할 뿐이라고 나는 생각하오. 그러니 우리로서는 당신처럼 유능한 사람에게 가혹한 대접을 받기보다는 동정을 받는 것이 훨씬 더 합당한 일인 것 같소.

트라시마코스 저게 바로 소크라테스 선생의 상투적인 그 시치미떼기 수법이죠. 그건 제가 잘 알고 있습니다. 그래서 이 사람들에게 미리 말해 두었습니다. 누군가가 선생께 질문을 하더라도 선생께서는 시치미떼기 수법을 쓰거나, 또는 온갖 수단을 다 써서라도 결코 대답은 하지 않을 것이라고 말입니다.

소크라테스 그렇다면 선생은 무엇이 올바름이라고 생각하시오?

트라시마코스 잘 들으십시오! 저는 올바름이란 '강자(통치자)의 이익'이라고 주장합니다.

소크라테스 무슨 뜻으로 하시는 말씀인지 모르겠군요.

트라시마코스 혹시 선생께선 국가들 가운데 어떤 국가는 참주 체제로 다스려지고, 어떤 국가는 민주 체제 또는 귀족 체제로 다스려지고 있는 것을 알고 계십니까?

소크라테스 알고 있소.

트라시마코스 그렇다면 국가마다 권력을 행사하는 사람들은 지배 계층이겠죠?

소크라테스 물론이오.

트라시마코스 그런데 법률을 제정할 때 각 정권은 자기의 이익을 먼저 생각합니다. 민주 국가는 민주적인 법률을, 참주 국가는 참주적인 법률을, 그리고 그 밖의 다른 국가들도 다 이런 식으로 법률을 제정합니다. 일단 법을 제정한 다음에는 자기들에게 이익이 되는 것을 통치받는 사람들에게 올바른 것이라고 공표하고, 이를 위반하는 사람을 범법자나 올바르지 못한 사람이라고 처벌하죠. 그러니까 보십시오. 이게 바로 제가 주장하는 바입니다. 어떤 국가에서나 이미 수립된 정권이 권력을 쥐고 있으므로, 올바른 것이란 바로 강자의 이익이라고 할 수 있습니다.

소크라테스 이제야 선생의 말뜻을 알겠소. 그러나 선생의 말이 참된 것인지 아닌지를 검토해 봐야만 하겠소.

트라시마코스 검토해 보시죠.

소크라테스 그러면 말해 주시오. 선생은 통치하는 사람들에게 복종하는 것이 올바르다고 주장하는 것이지요?

트라시마코스 그렇습니다.

소크라테스 그런데 각 국가를 통치하는 사람들은 전혀 실수하지 않는 이들이겠소, 아니면 때로는 실수할 수도 있는 이들이겠소?

트라시마코스 때로는 실수할 수도 있는 이들입니다.

소크라테스 그렇다면 그들이 법률을 만들 때, 어떤 것들은 옳게 만들지만 어떤 것들은 옳지 않게 만들지 않겠소?

트라시마코스 아마도 그렇겠지요.

소크라테스 그런데 옳게 만든다는 것은 자신들에게 이익이 돌아가게 만든다는 것이지만, 옳지 않게 만든다는 것은 이익이 없게 만든다는 것이군요?

트라시마코스 말씀하신 그대로입니다.

소크라테스 그러나 그들이 만드는 것이 무엇이든 통치받는 사람들로서는 따라야만 하고, 또한 이것이 올바른 것이겠군요?

트라시마코스 어찌 그렇지 않겠습니까?

소크라테스 그러니까 선생의 주장에 따르면, 강자의 이익뿐만 아니라 그 반대의 것, 즉 이익이 없는 것도 따라야만 올바른 것이 되오.

트라시마코스 선생께선 무슨 말씀을 하고 계십니까?

소크라테스 통치자들이 통치받는 사람들에게 따르도록 지시하는 것들 가운데는 때로 자신들에게 최선이라고 잘못 생각한 것들도 있는데, 그렇더라도 통치자들이 지시하는 것은 무엇이든 통치받는 사람들로서는 따르는 것이 올바르다고 말하지 않았소?

트라시마코스 그렇습니다.

소크라테스 그렇게 되면 통치자들에게 이익이 아닌 것을 따르는 것도 올바른 것이 되오. 통치자들이 본의 아니게 자신들에게 나쁜 것들을 따르도록 지시하더라도, 통치받는 사람들로서는 그들이 지시하는 바를 따르는 것이 올바른 것이라고 선생이 주장하니까 말이오. 더없이 지혜로운 트라시마코스 선생이여! 그런 경우에는 선생의 말과는 정반대의 것을 따르는 것이 올바른 것이 되지 않겠소? 강자의 이익이 아닌 것을 따르도록 약자들이 지시받은 것은 분명하니까요.

트라시마코스 소크라테스 선생! 선생께선 정말이지 궤변가십니다. 우리는 가끔 의사나 계산 전문가가 실수를 했다고 말합니다. 하지만 엄밀한 의미에서 전문가라면 실수하지 않습니다. 왜냐하면 실수는 그 방면의 지식이 부족하기 때문에 저지르는 것인데, 그렇다면 그는 전문가가 아니니까요. 그러므로 어떤 통치자도 진정한 통치자라면 실수를 저지르지 않습니다. 아주 엄밀한 의미에서 통치자는 실수하지 않으며, 자신을 위해서 최선의 법을 만들고, 통치받는 쪽에서는 이를 따라야만 합니다. 따라서 제가 처음에 말했던 바로 그것, 즉 강자의 이익을 따르는 것이 올바름이라고 저는 주장합니다.

소크라테스   그럼 엄밀한 의미에서 의사는 돈벌이를 하는 사람인가요, 아니면 환자를 돌보는 사람인가요?

트라시마코스   환자를 돌보는 사람입니다.

소크라테스   그러면 선장은 어떤가요? 선장은 선원들의 통솔자인가요, 아니면 단순한 선원인가요?

트라시마코스   선원들의 통솔자입니다.

소크라테스   그런데 어떤 사람이 의사나 선장으로 불리는 이유는 의술이나 선원들에 대한 통솔력을 갖고 있기 때문이겠죠?

트라시마코스   그렇습니다.

소크라테스   그렇다면 환자들이나 선원들에게는 어떤 이익이 있지 않겠소?

트라시마코스   물론입니다.

소크라테스   그렇다면 그 어떤 의사든 그가 의사인 이상 의사의 이익을 생각하고 지시를 내리는 게 아니라, 환자의 이익도 생각하며 지시하지 않겠소? 왜냐하면 엄밀한 의미에서 의사는 환자의 몸을 관리하는 사람이지, 돈벌이를 하는 사람이 아니기 때문이오. 또한 선장은 선장의 이익을 생각하고 지시하는 것이 아니라, 선원이나 통솔을 받는 사람의 이익도 생각하고 지시할 것이오. 그러니까 트라시마코스 선생! 엄밀한 의미에서 통치자는 자신의 이익만을 위해서 생각하거나 지시하지 않고, 통치를 받는 쪽의 이익을 위해서도 생각하거나 지시하는 것이오.

이들의 논의가 여기에 이르러 올바름의 정의가 정반대로 바뀌자, 트라시마코스가 대답 대신 질문을 했다.

트라시마코스 소크라테스 선생! 선생께는 보모가 있었습니까?

소크라테스 왜 그런 질문을 하죠?

트라시마코스 실은 코를 흘리고 있는 선생을 보모는 무심히 볼 뿐, 코를 닦아 주지 않기 때문입니다. 선생께선 그런 보모 때문에 양도 양치기도 못 알아보고 계시니까요.

소크라테스 대체 무슨 말씀이오?

트라시마코스 선생께서는 양치기들이 자신보다 양이나 소를 더 생각한다고 말씀하시기 때문입니다. 더구나 선생께서는 통치자들이 통치받는 사람들에게 마음 쓰는 것이, 양치기들이 양들을 대하는 것과는 다른 데가 있다고 생각하고 있습니다. 통치자들이 자신들의 이득과는 다른 어떤 것을 밤낮으로 생각한다고 믿고 있습니다. 그것은 선생께서 올바름과 올바르지 못함에 관해 아주 깜깜해서, 다음과 같은 사실조차도 모르신다는 증거입니다. 실은 올바름이란 '남에게 좋은 것', 즉 통치자의 이익이며, 복종하며 섬기는 사람들에게는 해가 된다는 것을 말입니다. 그리고 통치받는 사람들은 강자의 이익을 위해 복종하고 그를 행복하게 만들 뿐이지, 결코 자신들을 행복하게 만들지는 못한다는 사실을 말입니다.

지극히 순진하신 소크라테스 선생이시여! 올바른 사람은 올바르지 못한 사람보다 어떤 경우에도 밑진다는 사실을 선생께선 알아야 합니다. 첫째로, 상호간의 계약 관계에서 사람들끼리 협력 관계를 맺었다가 이 관계가 끝날 경우에, 올바른 사람이 올바르지 못한 사람보다 더 많은 이익을 얻는 경우를 보지 못했을 것입니다. 오히려 덜 얻게 되는 경우를 볼 수 있을 겁니다. 다음으로 국가와 관계 있는 일들에서 세금을 낼 때도 올바른 사람은 같은 재산이라도 더 많이 내지만, 올바르지 못한 사람은 덜 냅니다. 또한 국가에서 받을 것이 있을 때는 올바른 사람은 아무 이익도 보지 못하지만, 올바르지 못한 사람은 많은 이익을 봅니다.

이것을 이해하기 위해 선생께서는 가장 완벽한 상태의 '올바르지 못함'에 대해 생각해 보셔야 합니다. 그것은 올바르지 못한 사람을 가장 행복하게 만들지만, 반면에 올바르지 못한 일이라곤 전혀 하지 않으려는 사람들을 가장 비참하게 만듭니다. 이건 참주 정치의 경우입니다. 이 정치 체제는 남의 것을 조금씩 몰래 빼앗지 않고 한꺼번에 모조리 빼앗아 버리죠.

소크라테스 선생! 이처럼 올바르지 못한 짓이 대규모로 저질러지는 경우에는, 올바르지 못함이 올바름보다도 더 강하고 자유로우며 횡포해집니다. 따라서 제가 처음부터 말씀드렸듯이 올바름은 강자의 이익입니다.

트라시마코스는 마치 목욕탕에서 몸을 씻어 주는 사람이 물을 끼얹듯, 이들의 귀에다 많은 말을 한꺼번에 쏟아붓고 떠날 생각이었다. 그러나 같이 있던 사람들이 그를 놓아 주지 않았고, 남아서 그가 한 말에 대해서 설명하지 않을 수 없게 만들었다. 소크라테스가 간청하듯이 말했다.

소크라테스 　보시오, 트라시마코스 선생! 나는 이해가 되지 않소. 나는 올바르지 못함이 올바름보다 더 이익이 된다고 생각하지 않소. 가령 어떤 올바르지 못한 사람이 있고, 그 사람이 남몰래 올바르지 못한 짓을 저지를 수 있다고 합시다. 그렇더라도 올바르지 못함이 올바름보다도 더 이익이 된다고 나를 설득하지는 못할 것이오. 실은 우리들 가운데 다른 사람들도 이런 심정일 것이오. 그러니까 보시오. 우리가 올바르지 못함보다 올바름을 더 높게 보는 것이 잘못이라고 생각한다면, 그걸 우리한테 충분히 납득시켜 주시오.

트라시마코스 아니, 제가 선생을 어떻게 납득시킨단 말씀입니까? 방금 말씀드린 것으로도 이해가 되지 않으셨다면, 제가 선생께 무얼 더 해 드릴 수 있겠습니까? 제 주장을 가져다가 선생의 머릿속에 집어넣어 드리기라도 할까요?

소크라테스 　자, 트라시마코스 선생! 우리에게 처음부터 대답해 주시오.

선생은 완벽한 올바르지 못함이 완벽한 올바름보다 더 이득이 된다고 주장하는 것이오?

트라시마코스 그렇습니다.

소크라테스 그런데 올바름은 훌륭한 것이고, 올바르지 못함은 나쁜 것이 아닌가요?

트라시마코스 아니죠. 저는 올바름을 '고상한 순진성'으로, 올바르지 못함을 '훌륭한 판단'으로 부르겠습니다.

소크라테스 아니, 트라시마코스 선생! 선생은 올바르지 못한 사람을 분별 있고 훌륭한 사람이라고 생각하나요?

트라시마코스 그렇습니다. 실로 올바르지 못함을 완벽하게 행할 수 있는 사람이라면, 그리고 국가와 부족을 자신들의 지배 아래 둘 수 있는 사람이라면 말입니다.

소크라테스 선생은 혹시 올바르지 못함을 훌륭함과 지혜의 부류로 취급하고, 올바름을 그 반대 부류로 취급하는 것이 아니오?

트라시마코스 그렇게 취급하고 있습니다.

소크라테스 보시오, 이건 한층 더 다루기 어려운 경우여서, 이젠 더 이상 뭐라고 말해야 할지 모르겠소. 만약 선생이 올바르지 못함을 이익이 있는 것으로 여길지라도, 이것이 실은 나쁜 것이고 창피한 것이라는 데 동의한다면 무슨 말이든 할 수 있을 것이오. 그런데 선생은 올바르지 못함을 감히 훌륭함과 지혜로 여기고 있는 것 같소.

트라시마코스 정확하게 알아맞히셨습니다.

소크라테스 그렇다면 올바르지 못한 사람은 분별 있는 사람과 훌륭한 사람을 닮았지만, 올바른 사람은 그렇지 않겠네요?

트라시마코스 당연하지 않습니까?

소크라테스 그렇다면 다른 모든 지식과 무지와 관련해서 생각해 봅시다. 전문 지식이 있는 사람은 다른 전문가의 말이나 행동보다 자신의 말이나 행동이 더 뛰어나다고 여기지는 않겠죠? 같은 문제를 처리하는데 전문가끼리 선택을 달리 하지는 않을 테니까 말이오.

트라시마코스 그렇습니다.

소크라테스 그러나 전문 지식이 없는 사람은 어떻겠소? 이 사람은 전문가에 대해서건, 전문 지식이 없는 사람에 대해서건 똑같이 자기가 이들보다 더 낫다고 생각하지 않겠소?

트라시마코스 아마 그럴 겁니다.

소크라테스 그런데 전문 지식이 있는 사람은 지혜롭겠죠?

트라시마코스 그렇겠죠.

소크라테스 그러니까 훌륭하고 지혜로운 사람은 자기와 같은 사람에 대해서는 뛰어나다고 여기지 않으나, 자기와 같지 않은 사람에 대해서는 뛰어남을 드러내고자 할 것이오.

트라시마코스 그럴 것 같군요.

소크라테스 그러나 못되고 지혜롭지 못한 사람은 자기와 같은 사람에

대해서도, 그리고 같지 않은 사람에 대해서도 자신이 더 뛰어나다
고 할 것이오.

트라시마코스 그럴 것 같습니다.

소크라테스 그렇다면 트라시마코스 선생, 우리가 지금 문제 삼고 있는
올바르지 못한 사람은 자기와 같지 않은 사람에 대해서도, 그리고
자기와 같은 사람에 대해서도 자기가 더 뛰어나다고 여기겠죠?

트라시마코스 그렇습니다.

소크라테스 그렇지만 적어도 올바른 사람은 자기와 같은 사람에 대해
서는 뛰어난 척하려고 하지 않겠지만, 같지 않은 사람에 대해서는
더 뛰어나다고 생각하겠지요?

트라시마코스 아마도 그렇겠죠.

소크라테스 그러니까 올바른 사람은 지혜롭고 훌륭한 사람을 닮았으나,
올바르지 못한 사람은 못되고 지혜롭지 못한 사람을 닮았겠네요?

트라시마코스 그런 것 같군요.

소크라테스 따라서 올바른 사람은 훌륭하고 지혜로우나, 올바르지 못
한 사람은 무지하고 못되다는 것이 이제 판명된 셈이오.

트라시마코스는 이 모든 것에 동의하긴 했다. 그러나 선뜻 동의한 것은 아니고
질질 끌려가다가 가까스로, 그것도 엄청나게 땀까지 뻘뻘 흘리다가 동의했다. 그
때 소크라테스는 트라시마코스가 얼굴을 붉히는 것을 보았는데, 전에는 그런 모습
을 한 번도 본 적이 없었다. 어쨌든 소크라테스와 트라시마코스는 올바름은 훌륭

함이며 지혜이지만, 올바르지 못함은 나쁨이며 무지라는 데 합의했다.

✦ 앞부분에서 트라시마코스는 올바르지 못함이 올바름보다 더 강력한 것이라고 주장했다. 그러나 소크라테스는 올바름이 올바르지 못함보다 더 강력한 것이라고 주장한다. "그건 개인이나 집단에게 올바름과 올바르지 못함이 있을 때 나타나는 결과를 보면 알 수 있다. 즉 자기 안에 올바름을 가진 사람만이 어떤 일을 이룰 수 있고, 한 집단에 올바른 사람끼리 공동의 목표를 위해 노력할 때 어떤 일을 이룰 수 있다. 개인이나 집단에서 올바르지 못함은 어떤 일을 이루는 데 방해가 될 뿐이다. 올바름이 있어야만 개인이나 집단이 강력한 힘을 발휘할 수 있다."라고 소크라테스는 주장한다.

올바른 사람이 행복하다

소크라테스   이제 올바른 사람이 올바르지 못한 사람보다 더 훌륭하게 살며 더 행복한가에 대해 검토해 봐야겠소. 이 문제는 한층 더 신중히 검토해야만 하오. 왜냐하면 이는 단순한 논의가 아니라 어떤 생활 태도로 살아가야만 하는가에 관한 것이기 때문이오.

트라시마코스   검토해 보시죠.

소크라테스   그럼 질문에 대답해 주시오. 선생은 눈 말고 다른 것으로 볼 수 있소?

트라시마코스   그럴 수 없습니다.

소크라테스   그럼 귀 말고 다른 것으로 들을 수 있겠소?

트라시마코스   들을 수 없습니다.

소크라테스 그렇다면 보고 듣는 것이 눈과 귀의 기능이라고 말할 수 있겠죠?

트라시마코스 물론입니다.

소크라테스 그렇다면 이 세상 모든 것에는 그것만이 해낼 수 있다거나 또는 다른 어떤 것보다도 그것이 훨씬 더 훌륭하게 해낼 수 있는 것이 있는데, 그것을 각각의 기능이라고 할 수 있을 것이오.

트라시마코스 제가 보기에도 각각의 기능이라고 생각되는군요.

소크라테스 됐소. 그러면 일정한 기능을 가진 세상 모든 것에는 나름의 '훌륭한 상태'가 있다고 생각하지 않소?

트라시마코스 그렇다고 생각합니다.

소크라테스 눈, 귀, 그 밖의 모든 것에도 훌륭한 상태가 있겠죠?

트라시마코스 그렇습니다.

소크라테스 그렇다면 생각해 보시오. 눈이 나쁜 상태일 때, 자기의 기능을 훌륭하게 해낼 수 있겠소?

트라시마코스 어떻게 그럴 수 있겠습니까?

소크라테스 그렇다면 귀 역시 자기 상태가 훌륭하지 못할 때는 자기 기능을 제대로 해내지 못하겠군요?

트라시마코스 물론입니다.

소크라테스 그 밖의 모든 것에도 같은 논리를 적용할 수 있을 거요.

트라시마코스 제가 보기에도 그렇습니다.

소크라테스 그렇다면 어떤 것이 그 나름의 훌륭한 상태일 때는 제 기능을 훌륭하게 수행하지만, 나쁜 상태일 때는 잘못 수행한다고 말할 수 있겠지요?

트라시마코스 예.

소크라테스 자, 그렇다면 이런 걸 생각해 봅시다. 혼(魂)은 그것만의 어떤 기능을 갖고 있소. 예를 들면 보살피거나 다스리는 것, 심사숙고하는 것, 그리고 이와 비슷한 종류의 일들이 혼의 기능이라고 말할 수 있겠지요?

트라시마코스 그렇습니다.

소크라테스 그렇다면 혼에게도 나름의 훌륭한 상태가 있다고 해야 되지 않겠소?

트라시마코스 그래야 됩니다.

소크라테스 그렇다면 트라시마코스 선생! 혼이 그 고유의 훌륭한 상태를 상실하고도 자신의 기능을 훌륭하게 수행하겠소, 아니면 그럴 수 없겠소?

트라시마코스 그럴 수 없겠죠.

소크라테스 그러니까 나쁜 상태의 혼은 모든 일을 잘못 다스리고 보살피지만, 훌륭한 상태의 혼은 모든 일을 잘 해낼 것이오.

트라시마코스 분명 그러합니다.

소크라테스 그런데 올바름은 혼의 훌륭한 상태지만, 올바르지 못함은 혼의 나쁜 상태겠죠?

트라시마코스 예, 그렇습니다.

소크라테스 그렇다면 올바른 혼과 올바른 사람은 훌륭하게 살겠지만, 올바르지 못한 혼과 올바르지 못한 사람은 잘못 살 것이오.

트라시마코스 선생의 주장에 따르면 그렇게 되겠네요.

소크라테스 그러면 훌륭하게 사는 사람은 실로 복받고 행복할 것이나, 그렇지 못한 사람은 그 반대일 것이오.

트라시마코스 어찌 그렇지 않겠습니까?

소크라테스 그러니까 올바른 사람은 행복하되, 올바르지 못한 사람은 불행하오.

트라시마코스 그렇다고 해 두죠.

소크라테스 그런데 불행하다는 것은 이득이 안 되나, 행복하다는 것은 이득이 되오.

트라시마코스 그렇겠군요.

소크라테스 그러니 보시오, 트라시마코스 선생! 올바르지 못함은 올바름보다도 결코 더 이득이 되지 않소.

트라시마코스 소크라테스 선생! 이거야말로 축제일이 선생을 위한 축하 잔치가 되었군요.

제 2 권

올바름과 국가의 기원

올바름은 개인의 몫도 있지만 국가 전체의 몫도 있다고 말할 수 있네. 그렇다면 개인의 올바름보다도 국가 전체의 올바름이 더 규모가 크고 알기도 쉬울 것이야. 만약에 자네들이 원한다면, 국가의 올바름이 어떤 것인지부터 탐구하도록 하세.

올바름과 국가의 기원

글라우콘과 아데이만토스는 사람들이 올바름에 대해 가진 일반적인 생각들을 제시한다. 즉, 사람들은 올바름 자체를 좋아해서가 아니라, 그것이 가져다주는 보수나 평판 때문에 올바르게 행동한다는 것이다. 또한 올바른 사람보다 올바르지 못한 사람이 더 행복한 삶을 누린다고 생각하므로, 사람들은 자신에게 어떤 이익이 생긴다면 얼마든지 올바르지 못한 행동을 저지를 수 있다고 주장한다. 글라우콘은 이와 같은 경우를 보여 주는 사례로 유명한 '기게스의 반지' 신화를 들려준다.

글라우콘은 만약 기게스의 반지가 두 개 있어서, 하나는 올바른 사람에게, 또 하나는 올바르지 못한 사람에게 주었을 때의 상황을 가정한다. 그리고 올바른 사람도 그 반지를 이용해서 자신의 이익을 위해 결국 올바르지 못한 짓을 행한다고 결론을 내린다.

올바름 자체가 제대로 대접받지 못하는 이러한 현실에 대하여 소크라테스는, 먼저 올바름의 의미가 무엇인지를 알아보기 위해 올바른 국가를 가상으로 수립하여 탐색하기 시작한다. '최소한의 국가'가 점차 '호사스러운 국가'로 확대되어 감에 따라 다른 국가와 전쟁을 하게 될 상황에 놓이고, 그에 대비하기 위해서 수호자들이 필요하게 된다.

이어서 수호자들을 양성하기 위한 교육 과정과 그 내용이 제3권까지 이어지는데, 여기서부터 플라톤의 독특한 (근대적인 개념으로 볼 때의) 계급 구분이 나타난다. 플라톤은 국가를 구성하고 운영하는 계급을 생업에 종사하는 일반 시민(생산) 계급과 국가를 수호하는 수호 계급으로 구분한다.

올바름을 추구하는 이유

글라우콘   소크라테스 선생님! 선생님께서는 올바름이 올바르지 못함 보다 모든 면에서 더 좋다고 진정으로 생각하십니까?

소크라테스   나는 진심으로 그렇게 생각하네.

글라우콘   사람들은 어떤 것을 원할 때, 결과 때문이 아니라 그 자체 때문에 원하기도 하고, 그 자체보다는 거기에서 생기는 결과 때문에 원하기도 합니다. 그리고 그 자체와 거기서 비롯된 결과 두 가지를 모두 좋아해서 원하기도 합니다.

소크라테스   당연히 그렇지.

글라우콘   그렇다면 선생님께서는 그 가운데 어느 것이 더 올바르다고 보십니까?

소크라테스   나는 그 자체뿐만 아니라 거기에서 생기는 결과도 좋아하는 것이 올바르다고 생각하네.

글라우콘   그러나 많은 사람들은 올바름이란 그런 것이 아니고 힘든 것이라고 생각합니다. 사람들은 보수나 명성 때문에 올바름을 추구할 뿐이지, 올바름 자체는 까다롭고 기피해야 할 것으로 생각합니다.

소크라테스   사람들에게 올바름이 그렇게 받아들여지고 있다는 것은 나도 잘 알고 있네.

글라우콘   소크라테스 선생님! 저는 올바름과 올바르지 못함이 각각

어떠한 것인지를, 그리고 그 각각이 혼 안에 있으면서 그 자체로는 어떤 힘을 갖는지 알고 싶을 뿐이지, 그 보수라든지 그 밖에 생기는 결과들에 대해서는 관심이 없습니다. 따라서 선생님께서 괜찮다고만 하신다면 저는 트라시마코스 선생의 주장을 되살리고 싶습니다. 첫째는 사람들이 올바름이 무엇이며 그 기원은 무엇이라고 생각하는지를, 둘째는 사람들이 올바름을 추구하는 까닭은 그것이 좋아서가 아니라 불가피한 것이어서 어쩔 수 없이 추구하는 것이라는 점을, 셋째는 사람들이 그렇게 행동하는 것이 온당하다는 점을 말하고 싶습니다.

소크라테스 선생님! 저는 올바름이 올바르지 못함보다 더 나은 것이라고 설득하는 주장을 아직 누구한테서도 제가 인정할 만큼 들어보지 못했습니다. 저는 올바름 자체가 찬양받기를 진실로 원합니다. 이를 위해 저는 일부러 온 힘을 다해 올바르지 못한 삶을 칭찬할 것입니다. 이에 대해 선생님께서는 어떤 방식으로든 올바르지 못함을 비난하고 올바름을 칭찬해 주십시오.

소크라테스 나도 진정 바라는 바네.

글라우콘 그럼 첫 번째 문제, 즉 올바름이란 무엇이며 그 기원이 어디에 있는지부터 말씀드리겠습니다. 사람들은 올바르지 못한 일을 하는 것이 좋은(이익이 있는) 것이요, 올바르지 못한 일을 당하는 것이 나쁜(손해를 보는) 것이라고 생각합니다. 따라서 올바른 사람과 올바르지 못한 사람에게 각자 하고 싶은 대로 할 수 있는 자유를 준 다음 각자가 어떻게 행동하는지를 관찰해 보면, 올바른 사람도 욕심 때문에 올바르지 못한 사람과 똑같은 방향으로 가는 것을 볼 수 있습니다.

이러한 것을 살펴볼 수 있는 예로, 옛날에 리디아 사람인 기게스(Gyges)의 한 조상에게 일어났던 일에 대한 이야기가 있습니다. 기게스의 조상은 당시 리디아의 왕을 섬기던 양치기였죠. 어느 날 천둥번개와 함께 소낙비가 내리고 지진이 나면서 땅이 갈라졌는데, 그가 양들에게 풀을 먹이고 있던 곳에 커다란 틈이 생겼답니다. 그는 놀라워하며 아래로 내려갔는데, 그 안에 몸에 작은 문이 달리고 속이 텅 빈 청동 말 한 마리가 있었답니다. 그래서 문을 열고 안을 들여다 보았더니 사람보다 더 커 보이는 시체가 있더랍니다. 게다가 시체는 아무것도 걸치지 않은 채 손가락에 금반지 하나만 끼고 있었답니다. 그는 반지를 빼 가지고 밖으로 나왔죠. 그런 어느 날, 그는 양치기들이 왕에게 양들에 관한 일을 보고하기 위해 매달 갖는 모임에 그 반지를 끼고 갔습니다. 그런데 사람들과 함께 앉아 있던 그가 우연히 반지의 보석받이를 손 안쪽으로 돌렸더니, 갑자기 함께 있던 사람들이 마치 그가 그 자리에 없는 것처럼 그에 관한 대화를 나누더랍니다. 이에 놀라 다시 금반지의 보석받이를 바깥쪽으로 돌렸더니 그가 보이게 되었다고 합니다. 이를 알게 된 그는 반지의 힘을 다시 시험해 보았는데, 역시 보석받이를 안쪽으로 돌리면 보이지 않고, 바깥쪽으로 돌리면 보이더랍니다. 이를 확인한 그는 왕에게 가는 사자(使者)들 틈에 끼어 왕궁으로 가서 왕비와 간통을 한 뒤에, 왕비와 함께 왕을 살해한 다음 왕국을 장악했다고 합니다.

그러니 만약에 이러한 반지가 두 개 있어서 하나는 올바른 사람이, 다른 하나는 올바르지 못한 사람이 낀다면 올바름을 지키면서 남의 것을 멀리하고, 그것에 손을 대지 않을 만큼 철저한 마음을 유지할 사람은 아무도 없을 것입니다. 시장에 가서 자기가 갖고 싶은 것을 무엇이든지 두려움 없이 가질 수 있고, 어느 집에든 들어가서 자기가 원하는 이성과 성행위를 할 수 있으며, 누구든 맘대로 죽이거나 풀어 줄 수 있고, 인간들 사이에서 신과 같은 사람으로 행동할 수 있다면 말입니다. 이렇게 행동하는 한 그는 올바르지 못한 인간과 조금도 다를 것이 없으니, 양쪽 다 똑같은 방향으로 갈 것입니다. 이것이 바로 올바름은 개인에게 좋은 것이 못 되기 때문에 아무도 스스로 올바르려고 하지 않고, 어쩔 수 없이 올바르지 못하게 되는 것임을 보여 주는 강력한 증거입니다.

우리가 지금 이야기하고 있는 두 유형의 삶과 관련하여, 가장 올바른 사람과 가장 올바르지 못한 사람을 대비해 보면 바른 판정을 내릴 수 있을 것입니다. 그렇다면 이제 올바른 사람은 올바른 일을 행함에 있어서, 올바르지 못한 사람은 올바르지 못한 일을 행함에 있어서 완벽한 사람이라고 가정해 보겠습니다.

먼저 완벽하게 올바르지 못한 사람에 대해서 생각해 보죠. 정상급의 선장이나 의사는 자신의 전문 분야에서 가능한 것들과 불가능한 것들을 판별할 줄 알고, 따라서 가능한 일은 하려 하지만 불가능한 일은 하지 않을 것입니다. 그리고 어쩌다가 실수할 경우에도 그것을 바로잡을 수 있습니다. 이와 마찬가지로 완벽하게 올바르지 못한 사람은 올바르지 못한 짓들에 대해 제대로 손쓸 수 있어서 들키는 일이 없다고 보아야 합니다. 만약 붙잡힌다면 신통치 못한 사람으로 보아야 합니다. 왜냐하면 완벽하게 올바르지 못함은, 실제로는 올바르지 못하지만 남들에게는 올바른 사람으로 보이는 것이니까요.

이번에는 완벽하게 올바른 사람에 대해서 생각해 보죠. 그는 올바르지 못한 사람과는 정반대의 상태에 있는 사람으로, 실제로는 아무런 잘못도 저지르지 않았는데도 올바르지 못한 사람이라는 명성을 최대한 얻도록 해야 합니다. 이는 그가 어떤 평판에도 굴하지 않고 올바름과 관련된 시험을 통과하도록 하기 위해섭니다. 또한 그로 하여금 죽을 때까지 제 길을 바꾸지 않고 살도록 해서, 실제로는 완벽하게 올바르면서도 남들에게는 올바르지 못한 것처럼 보여야 합니다. 이렇게 한쪽은 올바름의 극단에, 다른 한쪽은 올바르지 못함의 극단에 이르게 한 다음, 이 둘 가운데 어느 쪽이 더 행복한지를 판정해야 합니다.

소크라테스   놀랍군, 글라우콘! 그 두 사람을 판정하면서 어쩌면 자네는 그렇게 열정적으로 마치 조각상을 다듬듯, 올바름과 올바르지 못함을 깨끗이 드러내 놓지?

글라우콘   최선을 다할 뿐입니다. 이제 그 두 사람에게 어떤 삶이 기다리고 있는지를 설명하기가 쉬울 것 같습니다. 아마도 사람들은 다음과 같이 말할 것입니다. '올바른 사람은 볼기를 맞고 사지가 비틀리는 고문과 결박을 당하며, 두 눈은 불지짐을 당하고 마침내는 온갖 험한 꼴들을 겪은 끝에 말뚝에 묶인 채 찔려 죽을 것이다. 그제서야 그는 실제로 올바르려고 할 것이 아니라, 남에게 올바르게 보이려고 해야만 한다는 사실을 깨달을 것이다.'라고 말입니다. 이에 비해 올바르지 못한 사람은 남들에게 올바른 사람으로 여겨짐으로써, 자기 국가에서 통치를 하고 자기가 원하는 가문 출신의 배우자와 결혼을 하며, 자기가 원하는 누구와도 어울리면서 거래하고, 그 밖의 모든 면에서도 거리낌 없이 올바르지 못한 일을 저지르기 때문에 이익을 본다고 사람들은 말할 겁니다. 소크라테스 선생님! 사람들은 이처럼 신 쪽에서나 인간 쪽에서나 올바른 사람보다는 올바르지 못한 사람에게 더 나은 삶이 마련되어 있다고 말합니다.

✚ 글라우콘은 계속해서 자신은 올바름이 추구해야 할 마땅한 것이긴 하나 올바름 자체가 좋은 것이라고 확신할 수 없다고 하면서, 소크라테스에게 올바름이 그 자체로서 좋은 것임을 입증해 달라고 요구한다. 이어서 아데이만토스는 우리가 다른 사람들에게 올바르게 살라고 권유하는 것은 올바름 자체를 찬양해서가 아니라, 올바르다는 평판과 명성으로 온갖 이득을 얻기 때문이라고 주장한다. 아데이만토스에 따르면, 올바름의 길은 아름답기는 하나 힘들고 수고로운 데 반해, 올바르지 못함의 길은 손쉽고 이익을 가져다 준다. 심지어는 올바르지 못한 일을 했더라도 신들에게 많은 제물을 바치면 죄를 용서받을 수 있다는 것이 일반인이나 종교 지도자들의 생각이다. 그래서 글라우콘과 아데이만토스는 이런 부차적인 것들이 아닌, 올바름을 그 자체로서 옹호해 줄 것을 소크라테스에게 간청한다. 이에 대하여 소크라테스는 올바름 그 자체를 찾기 위한 긴 논의를 시작한다. 올바름 또는 올바른 상태를 우리의 혼에서 찾는 것이 원래 목적이지만, 편의상 그것을 국가라는 더 큰 바탕에서 찾아보도록 제안하면서, 국가 수립 과정부터 살펴보기 시작한다.

국가의 수립 과정

소크라테스 우리들이 착수하려는 탐구 과제는 결코 사소한 것이 아니라, 날카로운 통찰력을 가진 사람이 해야 할 일이라네. 그런데 내 생각으로는 이 문제에 대한 탐구를 다음과 같은 식으로 하는 것이 좋을 것 같네. 예를 들어 시력이 좋지 못한 사람에게 작은 글씨를 먼 거리에서 읽도록 할 경우, 그것과 같은 글씨를 다른 곳에 크게 적어 그 글씨를 먼저 읽게 한 다음, 그것들이 작은 글씨와 같은 것인지를 관찰하게 하는 방법이지. 이것처럼 올바름은 개인의 몫도 있지만 국가 전체의 몫도 있다고 말할 수 있네. 그렇다면 개인의 올바름보다도 국가 전체의 올바름이 더 규모가 크고 알기도 쉬울 것이야. 만약에 자네들이 원한다면, 국가의 올바름이 어떤 것인지부터 탐구하도록 하세. 그런 다음에 작은 형태의 올바름과 큰 형태의 올바름 사이의 닮은 점을 검토해 보고, 역시 개개인의 올바름을 마찬가지로 검토해 보도록 하세.

아데이만토스 훌륭한 말씀인 것 같습니다.

소크라테스 만약에 한 국가의 생성 과정을 관찰하게 된다면, 이 국가의 올바름과 올바르지 못함의 생성 과정 또한 볼 수 있겠지?

아데이만토스 아마도 그럴 겁니다.

소크라테스 그런데 내 생각에 국가가 생기는 이유는 개개인이 스스로 만족하지 못하고 여러 가지 것들을 필요로 하기 때문인 것 같네. 자네는 국가를 만드는 데 어떤 다른 이유가 있다고 생각하나?

아데이만토스 다른 어떤 이유도 없습니다.

소크라테스 우리들은 살아가는 데 여러 가지가 필요해. 그 때문에 여러 사람들이 한 곳에 모여 살게 되지. 그리고 우리는 이와 같은 공동 생활체에 국가라는 이름을 붙였어. 안 그런가?

아데이만토스 그렇습니다.

소크라테스 자, 그렇다면 국가를 처음부터 수립해 보자고. 우리들이 필
요한 것을 얻기 위해 국가를 수립한다고 했는데, 여러 가지 가운데
가장 먼저 필요한 것은 생존을 위한 음식물을 준비하는 거야.

아데이만토스 맞습니다.

소크라테스 그리고 둘째는 집을 마련하는 것이고, 셋째는 옷가지 등을
마련하는 것이겠지.

아데이만토스 그렇습니다.

소크라테스 자, 그러면 이처럼 많은 것을 어떻게 마련하지? 농부가 한
사람, 집 짓는 사람이 한 사람, 또 옷감을 짜는 사람이 한 사람 있
어야겠지? 그리고 우리 몸에 필요한 물건을 만들기 위해 신발 만드
는 사람이나 기타 사람들이 필요하겠지?

아데이만토스 그렇고말고요.

소크라테스 그렇다면 가장 작은 국가라도 4~5명은 있어야겠군.

아데이만토스 그럴 것 같습니다.

소크라테스 그렇다면 그 사람들은 각자가 만든 물건들을 모두를 위한
공동의 것으로 내놓아야 할까? 이를테면 농부는 한 사람이지만 네
사람분의 식량을 마련해야 하고, 그 식량을 마련하기 위해 네 배의
시간과 노고를 바쳐야 할 거야. 그렇다면 그렇게 마련한 식량을 다
른 사람들과 나눠야만 할까? 아니면 남들에 대해서는 무관심한 채
로 오직 자기 혼자만을 위해 그 식량의 4분의 1의 분량을 4분의 1

의 시간에 걸쳐 생산하고, 나머지 4분의 3의 시간을 일부는 집을 짓기 위해, 일부는 옷을 만들기 위해, 그리고 또 일부는 신발을 마련하기 위해 보냄으로써 남들과 나누는 번거로움을 덜고 스스로 자신의 힘으로 모든 일들을 처리해야만 할까?

아데이만토스 소크라테스 선생님! 각자의 생산물을 공동의 것으로 제공하도록 하는 방식이 쉬울 것 같습니다.

소크라테스 그럼 어떤 사람이 일을 더 훌륭하게 해내는 것은 한 사람이 여러 가지 직업에 종사할 때인가, 아니면 한 사람이 한 가지 직업에만 종사할 때인가?

아데이만토스 한 사람이 한 가지 직업에만 종사할 때입니다.

소크라테스 그렇다면 아데이만토스! 우리들에게 필요한 것을 마련하기 위해서는 네 사람보다 더 많은 사람들이 필요해. 왜냐하면 농부는 자신이 쓸 쟁기나 괭이 같은 농사 도구들을 스스로 만들지는 못할 것 같네. 집 짓는 사람 역시 마찬가지고. 집 짓는 사람에게도 여러 가지가 필요하니까 말일세. 옷감을 짜는 사람이나 신발을 만드는 사람도 마찬가지고. 안 그런가?

아데이만토스 그렇습니다.

소크라테스 그러니까 목공과 대장장이, 그리고 이런 종류의 많은 기술자들이 이 작은 국가의 동료가 되어 이 국가를 크게 만들고 있어.

아데이만토스 맞습니다.

소크라테스 　또한 수입품이 전혀 필요 없는 국가를 세운다는 것은 거의 불가능한 일이야.

아데이만토스 　정말 불가능한 일입니다.

소크라테스 　그렇게 되면 다른 국가에서 이 국가에 필요한 것들을 공급해 줄 사람들이 추가로 필요하겠지?

아데이만토스 　필요할 겁니다.

소크라테스 　그렇지만 이런 심부름을 할 사람이 자기 국가 사람들에게 필요한 것을 가져다 주기 위해서는 상대방 국가 사람들에게 필요한 것을 가져다 줘야 되겠지?

아데이만토스 　그럴 것으로 생각됩니다.

소크라테스 　그러니까 자기 국가에서는 자신들의 수요를 충당할 만큼만이 아니라, 자기들에게 필요한 것을 공급해 주는 상대국 사람들에게 필요한 만큼을 더 생산해야만 하네.

아데이만토스 　그래야 되겠네요.

소크라테스 　따라서 우리의 이 국가에는 더 많은 농부들과 기술자들이 필요해.

아데이만토스 　정말 더 많이 필요하겠군요.

소크라테스 　특히 수입과 수출을 각각 맡아 줄 또 다른 심부름꾼들이 필요할 거야. 즉, 무역상 말일세.

아데이만토스 　맞습니다.

소크라테스 그런데 무역이 바닷길로 해서 이루어진다면, 해상 운송에 정통한 사람들이 또 필요할 거야.

아데이만토스 그렇겠군요.

소크라테스 그럼 각 부류의 사람들이 생산한 물건들을 이 국가 안에서는 서로 어떻게 나눌까?

아데이만토스 그야 팔고 사는 것을 통해서 나눕니다.

소크라테스 이런 이유로 시장과 교환을 위한 표로써 화폐가 생기는 것이겠지?

아데이만토스 그렇습니다.

소크라테스 그런데 농부나 다른 기술자가 자기 생산품 가운데 일부를 시장으로 가져갔지만, 그의 생산품과 교환하기를 원하는 사람들과 같은 시각에 만나지 못한다면 어떨까? 그는 시장에 주저앉아 기다리면서 자신의 일은 전혀 하지 않고 있을까?

아데이만토스 절대 그렇지는 않습니다. 이런 일을 눈여겨보고 있다가 스스로 이 심부름을 떠맡는 사람이 있습니다. 이런 사람들은 바르게 다스려지는 국가들의 경우에는 대개 몸이 가장 약한 사람들로, 그밖의 다른 일은 거의 하지 못하는 사람들입니다. 왜냐하면 이들은 시장에 계속 머물면서 무언가를 팔고자 하는 사람들에겐 물건을 돈으로 바꿔 주고, 무언가를 사고자 하는 사람들에겐 돈을 받고 그 물건을 주어야만 하기 때문입니다.

소크라테스 이러한 필요성 때문에 우리나라에 소매상들이 생기게 되겠지. 시장에 자리를 잡고 사고 파는 일에 종사하는 사람들을 소매상이라고 한다면, 여러 국가를 오가는 사람들을 무역상이라고 할 거야.

아데이만토스 그렇고말고요.

소크라테스 내 생각으로는 그 밖에도 다른 일꾼들이 있는데, 그들은 지적인 일에서는 우리 공동체에 그다지 어울리지 않는 사람들이지만, 여러 가지 힘든 일을 능히 감당해 낼 수 있는 체력이 있어. 그런데 체력을 파는 사람들에게 우리는 임금이라는 대가를 지불하므로 임금 노동자로 부를 수 있겠군.

아데이만토스 그렇습니다.

소크라테스 그렇다면 아데이만토스! 우리의 국가는 완전하리만큼 이미 성장한 셈이 아닐까?

아데이만토스 아마도 그럴 겁니다.

✤ 가장 작은 규모에서 출발한 국가는 국가를 구성하는 데 필요한 사람들이 자꾸 늘어남에 따라 크기가 점점 커진다. 그리고 그 결과로 생존에 필수적이지 않았던 것들도 필요해져서, 호화스러운 국가가 성립하기도 한다. 따라서 사냥꾼, 예술가, 유모, 시녀, 이발사, 요리사, 의사 등 다양한 사람들이 더욱 필요하게 되고, 이런 국가의 확대는 결국 자기 나라의 영토만 가지고는 부족한 지경에 이르고 만다.

국가의 수호자가 갖추어야 할 성향

소크라테스 애초에 작은 국가에서는 사람들을 충분히 먹여 살릴 수 있었지만, 이제는 이 국가의 규모가 너무 작다는 생각을 하게 되지.

글라우콘 그렇겠습니다.

소크라테스 따라서 우리가 가축을 기르고 농사를 짓기에 넉넉한 땅을 가지려면 이웃 나라의 땅을 조금 떼어 와야만 하고, 그들은 그들대로 역시 우리 땅을 떼어 가야만 하지 않을까?

글라우콘 그래야만 할 겁니다, 소크라테스 선생님!

소크라테스 그렇다면 우리들은 분명히 전쟁을 하겠지.

글라우콘 그렇겠지요.

소크라테스 전쟁이 나쁜 결과를 가져올지 좋은 결과를 가져올지, 지금은 말할 단계가 아니야. 하지만 우리들이 전쟁의 기원을 발견했다는 것은 말할 수 있어.

글라우콘 그렇습니다.

소크라테스 여보게, 그러니 이 국가는 한층 더 커져야만 하는데, 모든 재산과 방금 우리가 말한 모든 것들을 지키기 위해서는 침략자들과 싸울 큰 규모의 군대가 필요하지 않겠나?

글라우콘 하지만 지금까지 말한 사람들로도 충분하지 않은가요?

소크라테스 그렇지 않아. 자네도 기억하겠지만, 한 사람이 여러 가지 기술 분야에 훌륭하게 종사한다는 것은 불가능하네.

글라우콘　옳은 말씀입니다.

소크라테스　그렇다면 전쟁에서 승부를 겨루며 싸우는 것은 기술적인 것이 아니라고 생각하나?

글라우콘　물론 기술적인 것입니다.

소크라테스　그러면 전쟁을 위한 기술보다 신발 만드는 기술에 더 신경을 써야만 할까?

글라우콘　절대 그렇지 않습니다.

소크라테스　우리는 제화공이 동시에 농부, 옷감 만드는 사람, 집 짓는 사람이 되는 것을 금지하고 오직 신발만 만들도록 했어. 그건 신발 만드는 일을 더 잘 하도록 하기 위해서였어. 또한 그 밖의 다른 사람들의 경우에도 이와 마찬가지로 각자에게 한 가지 일만 하도록 허용했지. 이것은 각자가 타고난 소질에 맞는 일을 훌륭하게 해낼 수 있도록 하기 위해서였어. 그런데 전쟁에 관한 일이야말로 가장 중대한 일이 아닐까? 농부나 제화공이 방패나 전쟁 무기를 들었다고 해서, 그날로 병기를 사용하는 전투나 그 밖의 다른 형태의 전투에서 유능한 전사가 될 수 있는 건 아니니까. 모든 도구는 그 각각에 대한 지식이 없는 사람이나 충분히 연습하지 못한 사람에게는 아무런 쓸모가 없겠지?

글라우콘　그렇습니다.

소크라테스　따라서 국가의 수호자들이 하는 일은 그 국가에서 가장 중요한 일이므로, 그들은 국가를 수호하는 데 필요한 최대의 기술과 관심이 있어야 하네.

글라우콘 저도 그렇게 생각합니다.

소크라테스 그러니까 우리가 할 일은 수호자들의 적성을 잘 살피고 국가의 수호를 맡은 사람들이 어떠한 성향을 가져야 하는가를 가려내는 것이야.

글라우콘 그건 확실히 우리가 해야 할 일입니다.

소크라테스 그렇다면 품종이 좋은 개와 가문이 좋은 젊은이가 지키는 일과 관련해서 성질상으로 다른 점이 있다고 생각하나?

글라우콘 무슨 말씀이신지요?

소크라테스 이를테면 양쪽 다 감각이 예민해야 하고, 감지된 것을 추적하는 데는 날렵해야 하며, 또한 붙잡은 것과 싸울 때는 힘이 세야만 한다는 말이네.

글라우콘 그런 말씀이셨군요.

소크라테스 더 나아가 용감하기도 해야 할 거야. 잘 싸우려면 말이지.

글라우콘 그거야 당연하지요.

소크라테스 그런데 말이든 개든, 또는 그 밖의 어떤 동물이든 격정적인 것이 용맹하겠지?

글라우콘 그렇습니다.

소크라테스 그러니 정신적 조건 역시 격정적이어야만 해.

글라우콘 맞는 말씀입니다.

소크라테스 그렇다면 글라우콘! 그들의 성품이 그렇다면 다른 사람들
에 대해서도 거칠어질 수 있겠지?

글라우콘 그렇게 되기가 쉬울 겁니다.

소크라테스 그렇지만 그들은 적들에게만 거칠어야 하고, 친근한 사람
들에게는 온순해야겠지?

글라우콘 그렇습니다.

소크라테스 그럼 어떡하지? 온순하면서도 동시에 대담한 기질을 가진
사람을 어디에서 찾을 수 있을까? 온순한 성품과 격정적인 성품은
서로 대립하니 말이야.

글라우콘 그러게 말입니다.

소크라테스 실제로 이 둘 가운데 어느 한 면이 없으면, 그는 결코 훌륭
한 수호자가 될 수 없어. 그러나 이 둘을 함께 갖추기는 불가능한
것 같고, 따라서 훌륭한 수호자가 된다는 것도 불가능한 일이 되고
말지.

글라우콘 그런 것 같군요.

소크라테스는 대화가 이렇게 진행되자 당혹스러워져서, 앞서 말한 것들을 돌이
켜 생각해 보고는 대화를 다시 시작했다.

소크라테스 여보게, 우리가 불가능한 것으로 생각했던 그러한 성향들,

즉 대립되는 이 둘을 함께 갖추고 있는 성향들이 실제로 있다는 사실을 우리는 미처 깨닫지 못하고 있었어.

글라우콘   어디에 말씀입니까?

소크라테스   자네도 알겠지만, 혈통 좋은 개는 천성적으로 낯익은 사람이나 아는 사람에게는 최대한 온순하지만, 모르는 사람에 대해서는 정반대가 아닌가?

글라우콘   그렇지요.

소크라테스   국가의 수호자들에게 이런 기질이 필요한 건 당연하겠지?

글라우콘   네, 그렇습니다.

소크라테스   또한 장차 수호자가 될 사람은 격정적인 기질과 함께 지혜를 사랑해야만 하네.

글라우콘   무슨 말씀이신지요? 저는 이해가 안 되는군요.

소크라테스   이 점 역시 개들한테서 볼 수 있는 것이야.

글라우콘   어떤 것인데요?

소크라테스   개는 모르는 사람을 보면 그 사람한테 전에 아무런 학대도 받지 않았는데 사납게 굴지. 반면에 아는 사람을 보면 비록 그 사람한테서 좋은 일을 겪어 본 적이 없을지라도 반긴다네.

글라우콘   정말로 그렇습니다.

소크라테스   개의 이러한 성향은 어쨌든 영리한 면으로, 지혜를 사랑하는 측면을 보여 주는 것 같아.

글라우콘 어떤 점에서 그렇죠?

소크라테스 어떤 사람을 알고 있는가 또는 모르는가에 따라 개가 친한 사람의 모습과 적의 모습을 식별한다는 얘기야. 그러니 개는 앎과 모름에 대해 배우는 걸 좋아한다고 할 수 있겠지?

글라우콘 그렇습니다.

소크라테스 그렇다면 배움을 좋아하는 것과 지혜를 사랑하는 것은 어쨌든 같은 것이겠지?

글라우콘 같은 것입니다.

소크라테스 그렇다면 사람의 경우에도, 어떤 사람이 친근한 사람이나 아는 사람에 대해 온순하려면, 그는 천성적으로 지혜를 사랑하며 배움을 좋아하는 사람이어야만 한다고 감히 주장해 볼까?

글라우콘 그러도록 하죠.

소크라테스 이렇게 장차 우리 국가의 훌륭한 수호자가 될 사람은 그 천성이 지혜를 사랑하며 격정적이고, 날래며 힘이 셀 거야.

글라우콘 그렇습니다.

소크라테스 그렇다면 이들은 어떤 방식으로 양육되고 교육받아야 할까? 우리가 이를 살펴보는 것은 국가에서 올바름과 올바르지 못함이 어떻게 해서 발생하는가를 알아보는 데 도움이 되겠지?

아데이만토스 저는 이 문제를 살펴보는 것이 그걸 알아내는 데 반드시 도움이 될 것이라고 생각합니다.

✤ 지금까지 국가의 형성 과정과 그 국가를 지키는 수호자의 성향을 논의했다. 그런데 수호자들이 해야 할 일은 다른 어떤 부류의 사람들이 맡은 일보다 중요하기 때문에, 거기에 적합한 성향의 아이들을 선발해서 가르치는 일이 중요하다. 이 부분에서는 수호자에 대한 교육 내용과 방법이 전개된다. 먼저 몸을 위한 교육으로 체육, 혼을 위한 교육으로 시가(詩歌) 교육이 중요한데, 여기에서는 시가 교육에 대한 논의를 시작한다. 시가 교육은 감수성이 강한 어린이들의 성격 형성에 큰 영향을 미치는 정신적인 교육인데, 시인들에게는 시를 짓기 위한 규범이 마땅히 있어야 한다. 그 규범으로 첫째, 신을 좋은 것만의 원천으로 묘사할 것, 둘째, 신을 마법사처럼 변신과 기만이 자유로운 존재로 묘사하지 말 것 등을 제시한다.

제 **3** 권

수호자들의 교육과 생활

우리는 그들의 젊은 시절부터 그들이 신념을 잊기 쉽거나 잘 속을 만한 일들을
하게 한 다음, 그들을 잘 지켜봐야 해. 그리하여 그 신념을 끝까지 잘 간직하고
있어서 좀처럼 속지 않는 사람을 뽑되, 그렇지 못한 사람은 제외해야 하겠지.

제 3 권

수호자들의 교육과 생활

　　제2권에서 플라톤은 국가를 구성하는 계급을 시민(생산) 계급과 (넓은 의미의) 수호 계급으로 나눈다. 그리고 제3권에서는 수호 계급을 통치자를 보조하는 수호(전사) 계급과 통치 계급으로 구분한다. 결과적으로 플라톤이 제시하는 계급은 시민 계급, 수호 계급, 통치 계급 세 가지다. 따라서 여기서 보조자와 통치자를 모두 포함하는 (넓은 의미의) 수호 계급과, 통치 계급의 보조자, 협조자, 전사를 일컫는 (좁은 의미의) 수호 계급을 잘 구분해야 한다.

　　이런 계급 구분을 기초로, 장차 국가의 수호자(넓은 의미)가 될 어린이의 교육에 대한 내용이 계속 이어진다. 여기에서는 시인들이 죽음과 저승, 그리고 영웅들을 묘사할 때 지켜야 할 규범, 설화의 서술 방법과 진행 방식, 모방, 그리고 시가의 음악적 요소를 언급한 내용들이 나온다. 시가 교육에 이어 체육 교육에 대한 논의가 이어지는데, 체육 교육이 단순히 몸을 보살피기 위한 것이 아니라 시가와 함께 혼을 단련하기 위한 교육임을 강조한다. 즉, 시가 및 체육 교육을 통해 혼의 격정적인 면과 지혜를 사랑하는 면이 적절하게 조화를 이루도록 하는 데 교육의 일차적인 목적을 둔다.

　　이런 교육 과정을 모두 거치면 수호자(넓은 의미) 집단에서 장차 통치자가 될 사람들을 가려내기 위해 온갖 시험을 치른다. 선발이 끝난 다음에는 이들이 자기 성향을 무시한 채 신분을 옮기는 것을 막기 위해 허구의 건국 신화를 짓는다. 여기서 뽑히지 못한 자들은 뽑힌 자들의 보조자나 협력자가 된다. 그리고 수호자들은 같은 집에서 통제를 받으며 함께 살면서, 어떤 사유 재산도 갖지 못하게 된다.

수호자의 교육과 통치자의 선정

❖ 제2권에 이어서 장차 수호자가 될 사람들을 가르치는 교육 내용이 소개된다. 먼저 어린이들이 본받을 만한 영웅들을 소개할 때는 영웅들을 영웅답게 묘사해야 한다는 점을 강조한다. 왜냐하면 영웅들마저 함부로 처신하는 것처럼 보이면, 보통 사람들은 자신의 부족함에 대해 반성하지 않을 것이기 때문이다. 그 다음으로 논의되는 것은 시가의 이야기 전개 방식과 이를 어떤 운율과 리듬으로 표현할 것인가 하는 문제다. 그 내용이 어떤 것이든 간에 시가 교육에서 가장 중요한 것은 아름답고 훌륭한 것들에 대한 사랑을 혼에 심어 주는 것이다. 이어서 체육에 대한 논의로 넘어간다. 체육은 무엇보다도 단순한 식생활과 생활 습관을 들이는 데 목표를 두어야 한다. 이렇게 해서 시가 및 체육을 통한 어린이들의 교육이 끝나면, 이제 할 일은 그들 가운데서 장차 통치자들로 키울 만한 사람들을 뽑는 것이다.

소크라테스 　이제 우리는 수호자 교육을 받은 사람 가운데 누가 통치하고 누가 통치받는가를 결정해야 하네.

글라우콘 　그래야 합니다.

소크라테스 　그러면 통치자들은 연장자여야 하겠지만, 통치받는 사람들은 연소자여야 하겠지?

글라우콘 　그렇습니다.

소크라테스 　뿐만 아니라 그들 가운데서도 가장 훌륭한 사람들이어야 한다는 것도?

글라우콘 　역시 마찬가지입니다.

소크라테스　그런데 농부들 가운데 가장 훌륭한 사람들은 농사에 가장 능숙한 사람들이겠지?

글라우콘　예.

소크라테스　그런데 통치자들은 수호자들 가운데 가장 훌륭한 사람들이어야만 하니까, 그들은 국가를 가장 잘 지키는 사람들이겠지?

글라우콘　그렇습니다.

소크라테스　그러니까 그들은 먼저 슬기롭고 유능한 사람이어야 하며, 더 나아가 국가에 대해 마음 쓰는 사람이어야만 되지 않을까?

글라우콘　그래야만 합니다.

소크라테스　사람은 어쨌든 자기가 사랑하는 것에 대해서 제일 마음을 많이 쓸 거야.

글라우콘　그렇겠지요.

소크라테스　그러므로 수호자들 가운데 이런 사람들을 가려내야만 하네. 즉, 국가에 이롭다고 생각되는 일엔 온 열의를 다 하고, 반면 그렇지 않다고 생각되는 일은 전혀 하지 않는 사람들, 그 누구보다도 온 생애를 통해 그렇게 할 것처럼 보이는 사람들을 가려내야만 해.

글라우콘　그런 사람들이야말로 적격자입니다.

소크라테스　그리고 이 사람들이 나이를 더 먹을 때마다 그러한 신념을 굳게 간직하고 있는지, 또는 유혹이나 어떤 강압 때문에 국가를 위해 좋은 일을 해야 한다는 생각을 무의식중에 내팽개치는 일은 없는지를 지켜봐야만 해.

글라우콘 그건 무슨 뜻입니까?

소크라테스 국가를 위해서 가장 좋은 일을 하겠다는 신념을 누가 가장 훌륭하게 간직하고 있는가를 지켜봐야 한다는 얘기일세. 우리는 그들의 젊은 시절부터 그들이 신념을 잊기 쉽거나 잘 속을 만한 일들을 하게 한 다음, 그들을 잘 지켜봐야 해. 그리하여 그 신념을 끝까지 잘 간직하고 있어서 좀처럼 속지 않는 사람을 뽑되, 그렇지 못한 사람은 제외해야 하겠지.

글라우콘 그렇습니다.

소크라테스 또한 갖가지 힘든 일과 고통, 경쟁심, 그리고 온갖 유혹으로 시험해 보면서 그들을 관찰해야 해. 망아지를 소란스러운 곳으로 끌고 가 그것들이 겁이 많은지를 살펴보듯이, 젊은이들을 어떤 공포로 몰고 가기도 하고, 환락에 빠지게도 하는 등, 황금을 불 속에서 시험해 보는 것보다 더 많이 시험해 보아야 하네. 그런데도 좀처럼 유혹당하지 않고 어떤 경우에도 품위를 지키며, 모든 경우에 자신을 단정하고 조화롭게 지키는 사람이 있다면, 그런 사람이야말로 자기 자신이나 국가를 위해서 가장 유용한 사람일 걸세. 우리는 소년 시절과 청년 시절, 그리고 성인 시절 그 어느 시절이든 언제나 그러한 시험을 거쳐 더럽혀지지 않았다고 판명된 사람을 국가의 통치자로 임명해야 하네. 또한 그에게는 살아서도 명예가 주어져야 하지만, 죽어서도 무덤이나 그 밖의 기념물에 최대의 특전을 주어야만 해. 하지만 그렇지 못한 사람은 제외해야겠지. 여보게, 글라우콘! 이것이 통치자들의 선정과 임명 방법일세.

글라우콘   그렇군요.

소크라테스   그렇다면 이제껏 우리가 수호자라고 불러 왔던 그 젊은이들을 통치자들의 신념을 위한 보조자나 협력자라고 부르는 것이 마땅하겠지?

글라우콘   저도 그렇게 생각합니다.

수호자들의 생활

소크라테스   그렇다면 이제는 적절한 거짓의 이야기를 꾸며서 통치자들에게 들려주는 일만 남았군.

글라우콘   어떤 것을 말씀하시는 것입니까?

소크라테스   그러니까 다음과 같은 거짓의 이야기를 만들어서 통치자들과 수호자, 그리고 시민들에게 들려줘야 한다는 말일세. 수호자들은 태어나기 전부터 이미 땅속에서 만들어져 양육되어 왔고, 또 그들의 무기와 다른 장비도 그 속에서 만들어졌다는 이야기 말일세. 그리고 이것들이 완성된 다음에야 대지가 그들의 어머니로서 그들을 지상으로 올려보냈다는 그런 이야기. 그래서 누군가가 이들이 살고 있는 고장을 공격해 오더라도, 어머니를 지키듯이 이 고장을 서로 의논해서 방어해야 하며, 또한 다른 시민들에 대해서도 흙에서 같이 태어난 형제들을 위하듯이 생각해야만 한다고 말이야.

글라우콘   그것으로 끝인가요?

소크라테스   아니지. 다음과 같은 이야기도 들려줄 거야.

'이 국가에 살고 있는 여러분은 모두가 형제들입니다. 그러나 신은 여러분을 만들면서 여러분 가운데 능히 통치자가 될 수 있는 사람에게는 황금을 섞었는데, 이들이 가장 존경받는 것은 이 때문입니다. 그런가 하면 보조자들에겐 은을 섞었고, 농부들이나 다른 장인들에게는 쇠와 구리를 섞었습니다. 따라서 여러분은 모두 동족이기에 대개는 여러분 자신을 닮은 자손을 낳습니다. 그러나 때로는 황금의 자손에게서 은의 자손이, 은의 자손에게서 황금의 자손이, 그리고 그 밖의 모든 자손이 이처럼 서로의 자손에게서 태어날 수도 있습니다. 그러므로 통치자들에게 신은 무엇보다도 자손들의 혼에 무슨 성분이 들어 있는지를 잘 지켜보라고 했습니다. 그래서 만약 그들의 자손이 구리 성분이나 쇠 성분이 섞인 상태로 태어나면, 결코 어떤 동정도 하지 말고 그 성분에 어울리는 지위를 주어서 장인들이나 농부들 사이로 밀어 넣어야 합니다. 반대로 이들 가운데 누군가가 황금이나 은의 성분이 섞인 상태로 태어난다면, 그 사람을 예우하여 통치자나 수호자의 지위를 갖게 할 것입니다. 이는 쇠나 구리 성분의 수호자가 국가를 지킬 경우에는 국가가 멸망하리라는 신탁(神託) 때문입니다.'

그러면 이러한 이야기를 그들이 곧이듣게 할 수 있는 방도를 자네는 알고 있는가?

글라우콘   그런 방도는 없습니다. 그렇지만 그들의 아들과 그 후손들, 그리고 또 그 다음 세대 사람들이라면 곧이듣게 할 방도가 있을 겁니다.

소크라테스   이제 이 이야기는 전설처럼 전해질 거야. 우리는 그 흙에서 태어난 사람들을 무장시켜서 통치자들의 지도 아래 국가를 이끌어가고, 나아가 이 나라에서 주둔하기에 가장 좋은 곳을 스스로 물색하도록 하세. 즉, 국법에 복종하지 않는 사람이 있을 때는 이들을 가장 잘 통제할 수 있는 거점이 되고, 또한 외부에서 적이 침략해 올 때는 이들을 막아 낼 수 있는 그러한 장소 말일세. 일단 주둔한 다음에는, 마땅히 제물을 바쳐야 할 신께 제물을 올리고서 그들 스스로 머물 막사를 짓도록 하세. 아니면 어떻게 해야 할까?

글라우콘   그렇게 해야 합니다.

소크라테스   그러니까 이와 같은 막사는 겨울과 여름에도 그들을 충분히 보호해 줄 수 있겠지?

글라우콘　당연히 그렇겠지요. 선생님께서는 거처를 말씀하시는 것 같으니까요.

소크라테스　그렇지. 어쨌든 전사들에게 적합한 곳이지, 돈벌이하는 사람들에게 적합한 곳은 아니야.

글라우콘　그런데 전사들의 주거와 돈벌이하는 사람들의 주거가 어떻게 다르다고 생각하십니까?

소크라테스　양치기가 양 떼를 보호하는 개들을 키우는데, 이 개들이 무절제나 굶주림, 또는 다른 나쁜 버릇으로 말미암아 양을 해치는 개로 키워진다면, 그리하여 지키는 개가 아니라 해치는 이리를 닮게 된다면 양치기에게 무엇보다도 무섭고 창피한 일이겠지?

글라우콘　무서운 일이고말고요.

소크라테스　그러니까 우리의 보조자들이 시민들에게 그와 같은 짓을 할 수 없도록, 즉 그들이 시민들보다 강하다고 해서 사나운 주인을 닮는 일이 없도록 모든 방법을 다하여 감시해야만 하겠지?

글라우콘　감시해야 합니다.

소크라테스　그러니 그들이 정말로 훌륭하게 교육 받았다면 최대로 신중하겠지?

글라우콘　실상 그들은 그렇게 교육 받았습니다.

소크라테스　여보게 글라우콘! 그렇게 단언할 일은 아닌 듯 싶네. 그들이 자신들끼리는 물론 그들의 보호를 받는 사람들에게 온순해지기 위해서는 그 어떤 것이든 바른 교육을 받아야 되네.

글라우콘   옳은 말씀입니다.

소크라테스   그럼 지금까지 말한 수호자들을 육성하려면, 그들을 어떤 방식으로 살게 하고, 거주 생활은 어떻게 하면 좋을까? 첫째로, 꼭 필요한 것이 아닌 한 그 누구도 사유 재산을 가져서는 안 되네. 다음으로는, 어느 누구도 원하는 사람이 마음대로 출입할 수 없는 집이나 곳간을 가져서는 안 되네. 그리고 절제하며 시민들을 지켜 준 대가로 시민들에게서 용감한 전사에게 필요한 생활필수품만 일정하게 받되, 그들의 연간 소비량을 넘지도 부족하지도 않을 정도여야만 하네. 또한 공동으로 식사를 하고, 마치 야영하는 전사들처럼 공동으로 생활해야만 해. 그리고 우리는 이런 걸 일러주어야 해. 즉, 그들은 자신의 혼 안에 신들이 준 신성한 황금과 은을 언제나 지니고 있어서, 인간 세상의 금·은은 전혀 필요하지 않다고 말일세. 또한 일반 시민들의 주화는 경건치 못한 많은 일들을 일으키지만, 수호자들의 것은 오염되지 않은 것이므로 인간의 소유물과 뒤섞어 더럽히는 것은 경건하지 못한 짓이라고 말이야. 또한 국가의 시민들 가운데 오직 수호자들에게만 금·은을 다루거나 만지는 것이 허용되지 않으며, 금·은과는 같은 지붕 아래 살아서도 안 되고 몸에 걸쳐서도 안 되며, 황금이나 은으로 만든 잔으로 술을 마셔도 안 된다네. 이렇게 함으로써 그들 자신을 보존할 뿐 아니라 국가도

보존할 수 있을 것이네.

만약 그들이 자기 땅과 집, 그리고 돈을 갖게 된다면, 그들은 수호자가 아니라 가옥의 주인이나 농부가 될 것이며, 다른 시민들의 협력자 대신 적대적인 주인이 될 걸세. 그리하여 그들은 미워하고 미움을 받고, 음모를 꾸미거나 음모의 대상이 되면서 한평생을 보낼 걸세. 따라서 외부의 적보다도 내부의 적을 오히려 훨씬 더 경계하게 될 것이니, 어느 사이엔가 그들 자신과 함께 나머지 시민들도 파멸의 문턱을 향해 치닫게 될 거야. 그러므로 우리는 이 모든 이유 때문에라도 수호자들의 거처를 비롯한 그 밖의 것들에 관해서 이런 식으로 갖춰야만 한다고 말하고, 이를 법으로 만들도록 해야 할 걸세.

글라우콘   물론 그래야 합니다.

제 4 권

올바른 국가와 올바른 사람

우리들이 국가를 수립하면서 새겨 두어야 할 것은 어느 한 집단을 행복하게 만드는 게 아니라, 국가 전체를 최대한 행복하게 만들자는 것이었네. 우리들은 그런 국가에서 올바름을 가장 쉽게 찾아볼 수 있는 반면, 가장 나쁘게 다스려지는 국가에서는 올바르지 못함을 찾아볼 수 있기 때문이야.

제 4 권

올바른 국가와 올바른 사람

제3권의 내용을 통해서 볼 때, 국가의 수호자로 뽑힌 사람들은 행복하지 못할 것 같다. 사유 재산도 갖지 못하고 쾌락도 누리지 못하며, 엄격히 통제된 공동 생활을 하기 때문이다. 이런 상황에 대하여 소크라테스는 국가의 수립 목적이 수호자들을 위한 것이 아니라, 국가 전체가 최대한 행복하게 살 수 있도록 하기 위한 것이라고 답변한다. 그런 국가가 올바르고 훌륭한 국가이기 때문이다.

소크라테스에 따르면, 올바른 국가가 실현되기 위해서는 세 가지 덕목이 필요하다. 즉 통치자들의 지혜, 수호자들의 용기, 그리고 일반 시민들의 절제가 그것이다. 그리고 이 세 가지가 조화를 이룰 때 마지막으로 국가의 올바름이 형성된다. 결국 국가 차원의 올바름이란 국가를 구성하는 세 부류의 사람들이 저마다 자신에게 맞는 자기 일을 하는 것이라는 결론이 내려진다.

이어서 처음에 의도했던 바, 즉 국가의 올바름을 탐색함으로써 개인의 올바름을 탐색하려던 것을 실천에 옮긴다. 소크라테스는 국가에 지혜, 용기, 절제가 있는 것처럼 개인의 혼에도 이성, 격정, 욕구의 세 부분이 있다고 주장한다. 또한 국가의 세 부분이 각자 제 구실을 다 하고 조화를 이룰 때 올바름이 나타나듯이, 개인의 경우에도 이성의 통제에 따라 세 부분이 조화롭고 화목할 때 올바름이 형성된다고 본다. 결국 국가나 개인의 올바름은 이 요소들의 조화라는 결론이 내려진다.

국가 수립의 목적

아데이만토스 그렇다면 소크라테스 선생님! 만약에 어떤 사람이 이렇게 말한다면, 선생님께서는 뭐라고 변명하시겠습니까? '선생님, 수호자들은 결코 행복한 사람들이 아닙니다. 정작 국가는 그들의 것이면서도 그들은 국가에서 아무런 혜택도 받지 못합니다. 이를테면 남들은 농토를 소유하고 아름답고 큰 집을 갖고 있고, 또 이것들과 어울리는 장식물을 갖추고 있으며, 신들에게 자신의 제물을 올리고, 또 손님들을 환대합니다. 특히 선생님께서 방금 말씀하신 것들, 즉 황금과 은을 소유하고 있을 뿐만 아니라 행복하게 사는 데 필요한 모든 것을 소유하고 있습니다.'라고 말입니다.

소크라테스 그렇지. 또한 개인적으로 여행을 하고 싶어도 할 수 없으며, 연인에게 선물을 주는 것도 안 되고, 또는 다른 곳에 돈을 쓰고 싶어도 쓸 수가 없네. 이것 말고도 문제삼을 것은 더 많다네.

아데이만토스 그러면 그것들도 비난거리에 덧붙이시죠.

소크라테스 내 생각으로는 이제까지 진행해 온 방식을 계속하다 보면 대답을 찾을 수 있을 것 같네. 우리들이 이 국가를 수립하면서 새겨두어야 할 것은 어느 한 집단을 행복하게 만드는 게 아니라, 국가 전체를 최대한 행복하게 만들자는 것이었네. 우리들은 그런 국가에서 올바름을 가장 쉽게 찾아볼 수 있는 반면, 가장 나쁘게 다스려지는 국가에서는 올바르지 못함을 찾아볼 수 있기 때문이야. 지금 우리들이 만들려는 행복한 국가는, 이 국가의 몇몇 사람들을 따로 분리해서 행복한 사람들로 만들려는 것이 아니라 전체를 행복하게 만들려는 것일세.

이제 우리는 그 반대의 국가를 생각해 볼 걸세. 이것은 마치 우리들이 사람의 조각상에 색칠을 하고 있는데, 어떤 사람이 다가와서 '왜 그 조각상의 가장 아름다운 부분에 가장 아름다운 색깔을 칠하지 않는가?'라고 꾸짖는 경우와 같아. 그 사람은 자신이 가장 아름답다고 생각하는 부위인 눈이 자주색으로 칠해지지 않고 검은색으로 칠해진 것을 마음에 들어 하지 않지. 이럴 경우 우리는 그 사람에게 다음과 같은 말로 변명해야겠어.

'아, 놀라운 이여! 눈을 아름답게 그려야 한다고 해서 눈을 눈처럼 보이지 않게 그려야 한다고는 생각하지 마시오. 그러기보다는 우리들이 각 부분에 어울리는 색을 칠함으로써 전체를 아름답게 만들었는지 아닌지를 따져 보시오. 그러니 이제 우리가 원하는 수호자들과는 전혀 딴판이 될 수 있는 그러한 행복을 수호자들에게 주지는 마시오. 우리도 농부들에게 화려한 외투를 두르게 하고 금장식도 걸치게 하고, 그들이 원하는 대로 땅을 경작하게 할 줄도 아오. 그리고 그 밖의 모든 사람들을 이런 식으로 행복하게 만들어, 온 국가가 행복하도록 할 줄도 알고 있소. 그렇지만 만일 우리가 당신 말대로 한다면 농부는 농부가 아닐 것이며, 그 밖의 사람들도 국가를 이루는 제 나름의 특성을 지니지 못하게 될 것이오. 하지만 다른 사람들의 경우는 그다지 문제될 것이 없소. 왜냐하면 제화공이 변변치 못하고 타락한다고 해서 국가가 위험해지지는 않을 것이기 때문이오. 그러나 법률과 국가의 수호자들이 실제로는 그렇지 못하면서 겉으로만 그럴 듯해 보일 때, 그들은 온 국가를 송두리째 망쳐 놓지요.'

그러니까 이 국가에 조금도 해를 끼치지 않을 진짜 수호자들을 만들고자 한다면, 수호자들을 임명하는 이유가 그들을 최대로 행복하게 하려 함인지, 아니면 국가 전체를 염두에 두고 모든 국민들을 행복하게 하려 함인지 잘 지켜봐야 하네. 또한 그들 자신의 일을 가장 훌륭하게 하게끔 수호자들을 설득하고, 그 밖의 다른 모든 사람들에 대해서도 마찬가지로 그렇게 설득해야 할 것인지를 생각해 봐야 해. 그리하여 국가 전체가 번성하고 훌륭하게 기반이 잡히면, 각각의 집단으로 하여금 그들의 성향에 맞는 행복을 누릴 수 있도록 허락해야 할 것인지에 대해서도 말이야.

아데이만토스 어쨌든 훌륭한 말씀이란 생각이 드는군요.

✚ 수호자들의 생활 문제(부와 빈곤)에 대한 논란이 해결되고 나서, 점점 확대될 수밖에 없는 국가의 규모 문제가 등장한다. 즉, 국가를 수립하는 데 있어 다른 국가와 싸워 이기기 위해서는 국가의 크기를 계속 늘려야 할 필요성이 있음이 제기된다. 이에 소크라테스는 무조건 큰 국가가 좋은 국가는 아니라면서, 훌륭한 국가가 될 수 있는 국가 크기의 기준을 제시한다.

아데이만토스 그렇다면 소크라테스 선생님! 국가가 어느 정도 커야 적당하고 훌륭한 국가입니까?

소크라테스 내 생각으로는 커지더라도 하나의 국가로 머물 수 있는 정도까지만 늘리되, 그 이상은 늘리지 않아야 하네.

아데이만토스 참 훌륭한 말씀입니다.

소크라테스 그러니까 또 다른 하나의 지시 사항을 우리가 수호자들에게 지시하는 셈이야. 이 국가가 작아지는 일도, 또는 크다고 여겨지는 일도 없이 충분하게 단일한 국가가 되도록 모든 방법을 다해서 지켜야 한다고 말이야.

아데이만토스 그거야 그들에게 내리는 지시로는 아마도 가벼운 것이겠죠.

소크라테스 그렇지. 그리고 그것보다 더 가벼운 것은 이것일세. 즉, 앞서 우리가 수호자들에게 변변치 않은 자손이 생길 경우에는 그 자손을 다른 집단으로 보내 버리고, 다른 집단에서 우수한 자손이 나오면 그 사람을 수호자 집단으로 보내야 한다고 말했던 것 말일세. 이 말이 뜻하는 바는 시민들을 각각 타고난 성향에 따라 한 가지 일에만 배치해야 한다는 것이었는데, 이는 각자가 자신의 일에 종사함으로써 여럿 아닌 한 사람이 되도록 하고, 또한 바로 이런 방식으로 국가 전체가 자연스럽게 여럿이 아닌 '한 국가'가 되도록 하기 위해서였어.

아데이만토스 정말 그건 아까 것보다 더 가벼운 지시 사항이군요.

소크라테스 여보게 아데이만토스! 우리가 그들에게 지시하는 사항들은 많고 대단한 것이 아니라 모두가 가벼운 것들이야. 만약에 그들이 속담에 있듯이 큰 것 하나만 지킨다면 말일세.

아데이만토스 그게 뭔데요?

소크라테스 교육과 양육이야. 그들이 훌륭하게 교육을 받음으로써 절도 있는 사람이 된다면, 그들은 이 모든 것을 쉽게 파악할 수 있을 뿐만 아니라 우리가 지금은 제쳐 놓은 다른 많은 것까지도 그렇게 할 수 있을 걸세. 예를 들면 아내들의 소유나 혼인, 또는 출산 등 모든 것을 속담에 따라 최대한으로 '친구들의 것은 공동의 것'으로 만들어야만 한다는 것까지도 말일세.

아데이만토스 그렇게 된다면야 참 좋지요.

소크라테스 더욱이 일단 국가가 출발을 잘 하면 마치 바퀴가 구르듯 번성할 거야. 건전한 양육과 교육을 통해 훌륭한 자질의 수호자들이 자라날 걸세. 또 좋은 교육을 받은 그들이 계속 발전하여 조상들보다 한결 더 좋은 출산 결과를 가져올 것일세.

아데이만토스 정말 그럴 것 같군요.

소크라테스 그러므로 간단히 말하면 국가의 수호자들은 건전한 교육을 계속 받아야 하며, 자신들도 모르는 사이에 교육을 망치는 일이 없도록 모든 것에 대항해서 이를 지켜야만 하네. 곧 체육이나 시가와 관련해서 기존의 질서와 어긋나게 혁신하는 일이 없게 해서 가능한

한 그대로 지키도록 해야 한다는 말이야.

✤ 이어서 법과 관련된 수호자들의 생활 태도가 논의된다. 수호자들은 법률 없이도 올바른 생활 태도를 유지할 수 있도록 건전한 교육을 받아야 한다. 이때 모든 것들은 조상들이 해 온 관례에 따를 뿐, 생활의 모든 것을 규정하는 법을 일일이 만들 필요는 없다.

지혜, 용기, 절제

소크라테스 이제 우리의 국가가 수립되었네. 다음으로는 도대체 올바름과 올바르지 못함이 어디에 있으며, 이 둘이 어떤 점에서 다른지를, 그리고 장차 행복해질 사람은 이 둘 가운데 어느 것을 지녀야 할 것인지를 생각해 보세.

글라우콘 선생님께서는 올바름을 몸소 탐구하기로 이미 약속하셨습니다.

소크라테스 나는 올바름을 이런 식으로 찾아 낼 수 있으리라고 기대하고 있었어. 우리의 이 국가가 올바르게 수립되었다면, 이것은 완전한 의미에서 훌륭한 국가일 것이라고 생각해.

글라우콘 정말 그렇습니다.

소크라테스 그렇다면 그런 국가는 지혜, 용기, 절제, 그리고 올바름을 갖추고 있을 게 분명해.

글라우콘 분명합니다.

소크라테스 실제로 내가 보기에는 이 국가에 지혜가 있는 것은 명백하네. 그리고 지혜에는 무언가 묘한 점이 있는 것 같아.

글라우콘 어떤 것인데요?

소크라테스 우리가 지금껏 말해 온 이 국가는 정말로 지혜로운 국가일 것 같은데, 그건 이 국가가 분별이 있기 때문이겠지?

글라우콘 그렇습니다.

소크라테스 그렇지만 바로 이것, 즉 분별은 지식의 일종이야. 왜냐하면 사람들이 분별력이 있는 것은 분명히 지식이 있기 때문이니까.

글라우콘 그렇죠.

소크라테스 그러나 이 국가에는 온갖 종류의 지식이 있는데, 이 국가가 지혜롭고 분별 있는 국가로 불려야만 하는 것은 그 가운데 목수들의 지식 때문일까?

글라우콘 그것 때문은 결코 아닙니다. 그것 때문이라면 목수 일에 뛰어난 국가로 불릴 뿐입니다.

소크라테스 그렇다면 방금 우리가 수립한 이 국가에 사는 시민들 가운데 어떤 사람들에겐 다음과 같은 지식이 있지 않을까? 다시 말해 어떻게 해야 이 국가가 안팎으로 가장 훌륭하게 운영될 수 있는지에 대한 지식 말이야.

글라우콘 물론 있습니다.

소크라테스 그건 무엇이며 누구에게 있는가?

글라우콘 그건 국가의 수호술이며, '완벽한 수호자들'이라고 불리는 통치자들에게 있습니다.

소크라테스 그러면 그러한 지식을 갖춘 이 국가를 자네는 무엇이라고 부르겠나?

글라우콘 분별 있고 참으로 슬기로운 국가라고 부르겠습니다.

소크라테스 그러면 우리의 이 국가에 대장장이들이 많아지겠는가, 아니면 이들 '참된 수호자들'이 더 많아지겠는가?

글라우콘 대장장이들이 훨씬 더 많아질 것이라고 생각합니다.

소크라테스 그렇다면 전문적인 지식을 지니고 있는 모든 사람들 가운데 참된 수호자들이 제일 적지 않겠나?

글라우콘 훨씬 적습니다.

소크라테스 그렇다면 이 국가가 전체적으로 지혜로울 수 있는 것은 통치자 집단의 지식 때문이야. 이 집단은 국가 전체에서 가장 작은 부류가 될 것이고, 모든 지식 가운데 유일하게 지혜라고 불리는 지식을 소유하고 있다고 봐야 해.

글라우콘 지당하신 말씀입니다.

소크라테스 그러고 보니 훌륭한 국가가 되는 데 필요한 것 중의 하나를 우리가 찾은 것 같네. 바로 지혜라는 것이지.

글라우콘 저도 그렇게 생각합니다.

소크라테스 　이제 용기가 무엇이고 어느 부류에 속하는 덕목인지를 알아보도록 하세. 한 국가가 용기 있는 국가가 되는 것은 어떤 한 부류의 사람들에 의해 결정되는데, 이것은 이 부류가 자신들이 두려워할 것들에 대해 소신을 굳게 지킬 수 있는 능력을 지니고 있기 때문이야. 이때 이 부류가 두려워할 것들이란 입법가가 교육을 통해 이미 가르쳐 준 것들이지. 혹시 자네는 이것을 용기라고 부르지 않나?

글라우콘 　선생님 말씀을 잘 모르겠습니다. 다시 한번 말씀해 주시죠.

소크라테스 　내 말은 용기란 일종의 보전이란 뜻이야.

글라우콘 　어떤 보전을 말씀하십니까?

소크라테스 　두려워할 것들이 무엇이며, 또한 그것들과 관련해서 생긴 신념을 교육을 통해 보전하는 것이야. 그리고 이를 보전한다는 것은 고통, 즐거움, 욕망, 공포에 처해서도 이를 버리지 않고 끝끝내 지키고 간직한다는 뜻이네. 자네가 원한다면 이와 비슷한 비유를 자네에게 들어 주지.

글라우콘 　물론 듣고 싶습니다.

소크라테스 　자네는 염색하는 사람들이 양털을 자주색으로 염색하고자 할 때, 여러 빛깔의 양털 가운데 가장 깨끗하고 하얀 빛깔을 고르고, 이것들이 최고의 광채가 나도록 많은 준비 과정을 거친다는 것을 알고 있지? 다른 빛깔의 바탕에다 그런 염색을 하거나 사전 준비가 철저하지 못하면, 원하는 색으로 염색이 되지 않으니까 말이야.

글라우콘　물론입니다.

소크라테스　우리가 전사들을 선발하여 시가와 체육 교육을 하는 것도 이 염색 과정과 비슷하다고 보아야 하네. 즉, 어떻게 하면 이들이 마치 물감을 받아들이듯 법률을 최대한 잘 받아들일 것인가를 생각해야 해. 이들이 적성에 맞게 적절히 양육되어, 두려워할 것들이나 나름대로의 소신을 잘 물들여 놓고 있다면, 어떤 쾌락, 고통, 공포, 욕망도 이들이 염색한 것을 탈색시키지는 못할 것이기 때문이야. 나는 두려워할 것들과 두려워하지 않을 것들에 관해 바르고 준법적인 소신을 지속적으로 보전하고, 그렇게 할 수 있는 능력을 용기라 부르겠네.

글라우콘　저도 선생님께서 말씀하신 것을 용기라고 받아들이겠습니다.

소크라테스　이제 우리가 알아내야 할 것은 두 가지가 남았어. 절제, 그리고 이 모든 걸 탐구해 온 최종 목적인 올바름이야.

글라우콘　확실히 그렇습니다.

소크라테스　내가 보기엔 절제라는 것은 앞의 것들보다는 더 화성(和聲 harmonia)과 비슷해.

글라우콘　어째서죠?

소크라테스 절제란 일종의 질서요, 쾌락과 욕망을 억제하는 것일세. 사람들이 '자기 자신을 이긴다(자제한다).'라고 표현하는 것을 보면 말이야.

글라우콘 그렇군요.

소크라테스 그런데 '자기 자신을 이긴다.'는 표현은 우습지 않나? '자기 자신을 이기는 사람'은 또한 '자기 자신에게 지는 사람'일 것이 분명하고, 또 '자기 자신에게 지는 사람'은 또한 '자기 자신을 이기는 사람'이니까 말이야. 결국 이 모든 경우는 같은 사람을 가리키지.

글라우콘 맞습니다.

소크라테스 그렇지만 내가 보기에 이 표현은 이런 걸 말하려는 것 같아. 즉, 인간의 혼에는 보다 나은 것과 보다 못한 것이 있어서 보다 나은 부분이 보다 못한 부분을 제압할 경우, 이를 가리켜 '자기 자신을 이긴다.'라고 말하는 것이야. 반면에 보다 못한 많은 부분에 의해 보다 나은 작은 부분이 제압된 상태의 사람을 '자기 자신에게 진' 무절제한 사람이라고 하지.

글라우콘 정말 그런 것 같습니다.

소크라테스 이제 우리의 새 국가로 눈을 돌려 보자고. 그러면 자네는 이 두 가지 가운데 하나가 이 국가 안에 있다는 것을 발견하게 될 거야. 보다 나은 부분이 보다 못한 부분을 지배하는 경우를 절제 있고 자기 자신을 이기는 사람이라고 불러야 한다면, 이 국가가 자기 자신을 이기는 국가로 불리는 것은 당연한 것이야.

글라우콘 　그렇게 눈을 돌려 보니까 선생님 말씀이 맞습니다.

소크라테스 　그리고 온갖 욕구와 쾌락, 고통들은 아이나 여인들, 하인들, 그리고 이른바 자유민들에게서도 발견할 수 있을 거야.

글라우콘 　확실히 그럴 것입니다.

소크라테스 　이에 반해서 절도 있는 욕구, 지성, 바른 판단 등은 가장 훌륭하게 교육 받은 소수의 사람에게서만 찾아볼 수 있을 거야.

글라우콘 　맞는 말씀입니다.

소크라테스 　그리고 이 국가 안에서는 많은 미천한 사람들의 욕구가 몇 안 되는 보다 더 공정한 사람들의 욕구와 슬기에 의해 제압당하고 있음을 자네는 볼 수 있을 걸세.

글라우콘 　볼 수 있습니다.

소크라테스 　그렇다면 어떤 국가를 쾌락과 욕구를 이기고 자기 자신을 이긴 국가라고 불러야 한다면, 이 국가도 그렇게 불러야만 하네.

글라우콘 　그렇습니다.

소크라테스 　그러니까 이 모든 점에서 이 국가를 또한 절제가 있는 국가라고 불러야 되겠지?

글라우콘 　그야 물론입니다.

소크라테스 　그리고 더 나아가 누가 국가를 통치해야 할 것인지에 대해 통치자들과 통치받는 사람들의 의견이 일치하는 국가가 있다면, 그

또한 이 국가에서 이루어져 있을 거야.

글라우콘 　물론 그럴 것입니다.

소크라테스 　그러면 이들이 이런 상태에 있을 때, 어떤 쪽에 절제가 있다고 생각하나? 통치하는 사람들 쪽일까, 아니면 통치를 받는 사람들 쪽일까?

글라우콘 　어쩌면 양쪽에 다 있을 것 같군요.

소크라테스 　그렇다면 앞서 절제란 일종의 화성을 닮았다고 한 내 말은 적절했네그려.

글라우콘 　어째서죠?

소크라테스 　그건 용기나 지혜는 국가의 어느 한 부분에만 있어도 그 국가를 용기 있는 국가나 지혜 있는 국가로 만들지만, 절제는 그렇지 못하기 때문이야. 절제는 진정으로 국가 전체에 걸친 것이지. 말하자면 화음처럼 가장 낮은 소리를 내는 사람과 가장 높은 소리를 내는 사람, 그리고 중간 소리를 내는 사람이 같은 노래를 합창함으로써 모든 음정이 서로 통하는 것과 같은 것이야. 그래서 이 '한 마음 한 뜻(harmonia)', 즉 국가나 한 개인에게 있어서 성향상 보다 나은 쪽과 보다 못한 쪽이 서로 어느 쪽이 통치를 해야 하는가에 대해 합의한 것을 가리켜 절제라고 말하는 것이 가장 타당할 걸세.

글라우콘 　저도 전적으로 동감합니다.

올바름이란 '제 것의 소유'와 '제 일을 행함'

소크라테스 지금까지 우리들은 이 국가에서 지혜, 용기, 절제의 세 가지를 살펴보았네. 그러면 나머지 한 가지가 남았는데, 훌륭한 국가가 되게끔 하는 그것은 도대체 무엇일까? 그것이 올바름인 것은 분명해.

글라우콘 분명합니다.

소크라테스 우리가 이 국가를 수립하기 시작할 때부터 언제나 지켜야 할 사항으로 주장한 바로 그것, 또는 그런 종류의 어떤 것이 올바름이라고 나는 생각하네. 자네도 기억하는지 모르지만 분명히 우리가 주장했고, 또 여러 차례에 걸쳐 말했던 것은 각자 자기 국가와 관련된 일들 가운데 자기의 성향에 가장 잘 맞는 한 가지 일에 종사해야한다는 것이었어.

글라우콘 실제로 그런 말을 했습니다.

소크라테스 그리고 자기의 일을 하되 참견하지는 않는 것이 올바름이라고 여러 차례 말하기도 했고.

글라우콘 그렇습니다.

소크라테스 그러니 여보게, '제 일을 하는 것'이 올바름인 것 같네. 자넨 내가 무엇을 근거로 해서 이런 결론을 이끌어 내고 있는지 알겠나?

글라우콘 모르겠습니다. 말씀해 주시죠.

소크라테스 내가 보기엔 이 국가에서 이미 우리들이 문제삼았던 것들, 즉 지혜, 용기, 절제 말고 아직 남은 것은 다음과 같은 성격의 것이야. 말하자면 이들 세 가지 모두가 이 국가 안에 생기도록 힘을 주고, 일단 이것들이 생긴 다음에는 이것들이 잘 보전되도록 해 주는 그런 것 말일세. 그런데 우리가 발견한 세 가지 말고 남은 것은 올바름일 것이라고 우리들은 말했어.

글라우콘 그렇게 말했습니다.

소크라테스 그렇지만 이들 가운데 어떤 것이 이 국가를 훌륭한 국가로 만드는 데 가장 많이 기여할 것인가를 판정하는 것은 실제로 어려운 일이야.

글라우콘 판정 내리기 어려운 일이고말고요.

소크라테스 훌륭한 국가를 만드는 데 기여한 정도를 따진다면, 나는 그 국가에 사는 시민 각자가 자기 일을 하는 것이 이 국가의 지혜와 절제, 그리고 용기와 엇비슷할 것이라고 생각하네.

글라우콘 그렇고말고요.

소크라테스 그러면 자네도 올바름이 훌륭한 국가를 만드는 데 기여하는 정도가 어쨌든 이들 세 가지와 엇비슷하다고 보는 건가?

글라우콘 예, 그렇습니다.

소크라테스 그렇다면 다음과 같은 점을 생각해 보게. 자네는 이 국가에서 발생하는 소송 사건의 판결을 통치자들에게 위임하겠지?

글라우콘   물론입니다.

소크라테스   그들이 판결을 내리는 데 최선으로 삼는 것은, 각자가 남의 것을 취하지도 않고 자기 것을 빼앗기지도 않도록 하는 것이겠지?

글라우콘   바로 그것입니다.

소크라테스   그게 올바르기 때문이겠지?

글라우콘   예.

소크라테스   그러니까 이런 점에서 봐도, '제 것의 소유'와 '제 일을 행함'이 올바름이라는 데 합의를 본 셈이네.

글라우콘   그렇습니다.

소크라테스   그러면 다음과 같은 것도 생각해 보세. 목공이 제화공의 일을, 또는 제화공이 목공의 일을 하려 하거나, 또는 서로 도구나 직분을 바꾸거나, 또는 심지어 한 사람이 이 양쪽 일을 다 하려고 한다면 이런 것이 국가를 크게 해칠 것이라고 생각하나?

글라우콘   별로 그러지는 않을 것입니다.

소크라테스   그렇지만 성향상 장인이거나 돈벌이를 하는 사람이 전사 계층으로 옮기려고 하거나, 전사들 가운데 어떤 사람이 그럴 자격도 없으면서 통치자 계층으로 옮기려고 한다면, 그리하여 이런 사람들이 서로 도구나 직분을 교환하거나 한 사람이 이 모든 일을 동시에 하려고 한다면 이 국가는 파멸하겠지?

글라우콘   그렇습니다.

소크라테스 그러므로 세 부류들이 서로 참견하거나 직분을 서로 바꾸는 것은 이 국가에 최대의 해악이 될 것이며, 가장 나쁜 짓이라고 말해 마땅할 것일세.

글라우콘 정말 그렇겠군요.

이성, 격정, 욕구의 조화

소크라테스 이제 우리가 살펴본 것들을 마무리하세. 우리들이 처음 이 논의를 한 것은 올바름을 지니고 있는 것들 중에서 더 큰 규모의 것을 살펴봄으로써, 개인의 올바름이 무엇인지를 한결 쉽게 알아낼 수 있을 거라고 생각해서였어. 우리들은 더 큰 규모의 것을 국가라고 생각했고, 가능한 한 최선의 국가를 수립하려고 했어. 이는 훌륭한 국가여야만 올바름이 있을 것이라고 생각해서였지. 이제 그 결과로 드러난 것을 개인에게 적용해 보세. 그래서 만약 일치한다면, 그건 잘된 결과겠지. 하지만 만약 그것이 개인에게는 다르게 나타난다면, 그땐 그걸 가지고 다시 국가로 되돌아가서 시험해 보세. 그래서 그 둘을 서로 비교해서 관찰한 다음 시험해 보면, 올바른지 아닌지 밝힐 수 있을 거야. 이렇게 해서 올바름이 명백해지면, 이를 우리들의 것으로 확실히 해 놓자고.

글라우콘 선생님께서는 체계적으로 말씀하고 계십니다. 그렇게 하도록 하죠.

소크라테스 　올바름이라는 개념 자체에서 보면, 올바른 사람과 올바른 국가는 닮았겠지?

글라우콘 　그렇습니다.

소크라테스 　한 국가를 올바른 국가라고 생각하는 것은, 이 국가 안에 있는 성향이 다른 세 부류가 저마다 제 일을 했을 때야. 그리고 이 국가가 절제와 용기가 있으며 지혜로운 국가가 된 것도, 이들 세 부류의 처지와 습성이 서로 달랐기 때문이지.

글라우콘 　맞습니다.

소크라테스 　그렇다면 개인도 이와 똑같은 종류들을 자신의 혼 안에 지니고 있으니, 국가의 경우와 똑같은 이름으로 불릴 자격이 있다고 생각하네.

글라우콘 　그야 당연합니다.

소크라테스 　여보게! 어쨌든 우리는 다시 혼에 관련된 사소한 문제, 즉 혼이 이들 세 가지 종류를 지니고 있는지 없는지에 대한 문제와 마주치게 되었네.

글라우콘 　제가 보기엔 전혀 사소한 문제가 아닌 것 같습니다. 지루해 마시고 계속 살펴보시죠.

✤ 여기서는 개개인의 혼의 구성 성분과 기능에 대해 이야기한다. 혼은 크게 이성과 욕구로 구성되어 있다. 이 두 가지는 한 사람의 혼에서 각기 다

른 특성과 기능을 가지고 있는데, 이성은 혼의 헤아리는 능력이고, 욕구는 혼이 다른 욕구들과 관련해서 흥분 상태에 있는 것을 가리킨다. 그리고 이 것과는 다른 제3의 부분인 격정에 대한 내용이 나온다.

소크라테스　　그런데 우리가 가끔 분노할 때 나타나는 격정이라는 부분
은 제3의 것일까, 아니면 앞의 것들 가운데 하나와 성질이 같은 것
일까?

글라우콘　　아마도 그 중의 하나, 즉 욕구와 같은 성질일 겁니다.

소크라테스　　그렇지만 언젠가 내가 들은 이야기가 있다네. 레온티우스
라는 사람이 피레우스에서 북쪽 성벽의 바깥쪽 아랫길을 따라 시
내로 들어오다가, 사형 집행인 옆에 시체들이 누워 있는 것을 보았
네. 한편으로는 보고 싶기도 하고, 다른 한편으로는 언짢아서 외면
하려고 했다네. 그래서 얼마 동안 마음속으로 갈등하며 얼굴을 가
리고 있었지. 그런데 보고 싶은 욕구가 너무 커서, 두 눈을 부릅뜨
고 시체들 쪽으로 다가가서 '보려무나, 너희들 고약한 것들아! 그
래, 저 좋은 구경거리를 실컷 보려무나!'라고 말하더란 이야기 말
이야.

글라우콘　　저도 그 이야기는 들었습니다.

소크라테스　　확실히 이 이야기는 분노가 욕구와는 다른 것으로, 때로는
욕구에 대항해서 다툰다는 것을 암시해 주고 있어.

글라우콘　　그렇습니다.

소크라테스 그리고 보면 이런 경우는 다른 데서도 가끔 찾아볼 수 있겠지? 가령 욕구가 어떤 사람에게 이성을 거스르도록 강요하면, 그 사람은 그때 자기 자신을 꾸짖는 동시에 자기 안에서 그렇게 강요하는 부분에 대해서 분개할 거야. 마치 서로 싸우고 있는 두 당파 사이에서 한쪽 편을 들듯이 격정이 이성과 한편이 되는 경우 말이야. 격정과 욕구가 협력해서는 안 된다고 이성이 주장하는데도, 그런 주장과 반대로 행동하는 경우를 자네는 본 적이 있나?

글라우콘 그런 경우는 본 적이 없습니다.

소크라테스 그렇다면 격정적인 부분과 관련된 우리들의 의견이 아까와는 정반대가 되었군. 왜냐하면 아까는 격정적인 부분을 욕구의 하나라고 생각했는데, 지금은 그것이 혼의 분쟁에서 오히려 이성적인 부분의 편을 든다고 주장하고 있으니 말이야.

글라우콘 정말 그렇군요.

소크라테스 그렇다면 격정은 이성적인 부분과 다른 것일까, 아니면 이성적인 부분의 일종이어서 결국 혼에는 세 가지가 아닌 두 가지 종류의 것, 즉 이성적인 부분과 욕구적인 부분만 있는 것일까? 아니면 돈벌이를 하는 부류와 보조하는 부류, 그리고 의결하는 부류 등이 국가를 구성하듯, 혼에도 제3의 격정적인 부분이 있을까? 양육을 잘못해서 타락하는 일만 없다면, 본성적으로 이성적인 부분을 보조하는 것으로서 말이야.

글라우콘 제3의 것이 반드시 있습니다.

소크라테스 그렇지. 적어도 그것이 욕구와는 별개임이 밝혀진 것과 마찬가지로, 이성과도 구별되는 별개의 어떤 것으로 밝혀진다면 말일세.

글라우콘 그렇지만 그걸 밝히는 것은 어렵지 않습니다. 왜냐하면 아이들에게서도 찾아볼 수 있기 때문입니다. 아이들이 태어날 때는 격정으로 가득 차 있지만, 많은 사람들이 늦게서야 이성을 지닙니다.

소크라테스 그리고 보니 이제 우리들은 그 문제에서 가까스로 헤쳐 나왔군. 이제 우리는 국가 안에 있는 것과 똑같은 부류들이 개개인의 혼 안에도 있고, 그 수도 똑같다는 데에 훌륭하게 의견이 일치했네.

글라우콘 그렇습니다.

소크라테스 그렇다면 글라우콘! 내 생각으로는 국가가 올바르게 되는 것과 똑같은 방식으로 개인 역시 올바르게 된다고 말해야 할 것 같아.

글라우콘 그것 역시 당연합니다.

소크라테스 그런데 한 국가가 올바른 국가로 된 것은 그 안에 있는 세 부류들이 저마다 '제 일을 하는 것' 때문이었음을 기억하고 있지?

글라우콘 잊지 않고 있습니다.

소크라테스 그렇다면 우리 각자의 안에 있는 그러한 세 부분이 자기 할 일을 할 때, 올바른 사람이 될 것이네.

글라우콘   당연합니다.

소크라테스   그러면 지혜로우며 혼 전체를 위한 통찰력을 지닌 이성적인 부분은 지배하는 일을 하는 것이 적합하겠지만, 격정적인 부분은 이성적인 부분에 복종하며 협력자가 되는 게 적합하지 않을까?

글라우콘   물론입니다.

소크라테스   그렇다면 앞서 말했듯이, 시가와 체육의 혼화(混和, 한데 섞여 융화됨)가 이 둘을 조화롭게 만들지 않을까? 이성적인 부분은 훌륭한 말과 학문으로 고양시키고 키워 주되, 격정적인 부분은 화음과 리듬으로 이완하고 달래며 순화시켜야겠지?

글라우콘   그렇습니다.

소크라테스   그래서 이 두 부분이 이처럼 양육되어 제대로 제 할 일을 배우고 교육받게 되면, 욕구적인 부분을 지도하게 될 거야. 혼의 대부분을 이루는 욕구 부분은 끊임없이 재물을 탐하며 육체적인 쾌락으로 가득한 데다가 강하기까지 하여, 오히려 이성적인 부분과 격정적인 부분을 지배하려 들지. 따라서 이들 모두의 삶 전체를 뒤집어엎는 일이 없도록 이성적인 부분과 격정적인 부분이 욕구 부분을 감시해야 해.

글라우콘   그렇지요.

소크라테스   그런데 이성적인 부분과 격정적인 부분이 혼 전체와 몸을 위해 외부의 적을 가장 훌륭하게 막아 낼 수 있는 것도, 한쪽이 결정을 하면 다른 쪽은 지배하는 쪽의 결정에 따라 싸움을 하고, 결정된 사항을 용기 있게 완수하기 때문이겠지?

글라우콘   그렇습니다.

소크라테스   그러므로 우리가 개개인을 용기 있는 사람이라고 부르는 것은, 그의 격정적인 부분이 두려워할 것과 두려워하지 않을 것에 대하여 이성이 지시한 바를 어떤 고통과 쾌락이 있더라도 끝끝내 보전할 때라고 생각하네.

글라우콘   옳은 말씀입니다.

소크라테스   그리고 우리가 어떤 사람을 지혜로운 사람이라고 부르는 것은 이성적인 부분이 그를 올바르게 지배하고 있을 때인데, 이성적인 부분은 각각의 세 부분뿐만 아니라 셋으로 이루어진 공동체 전체를 위해 유익한 것이 무엇인가에 대한 지식을 지니고 있네.

글라우콘   확실히 그렇습니다.

소크라테스   그러면 다음은 어떤가? 우리가 어떤 사람을 절제 있는 사람이라고 부르는 것은 이 세 부분이 서로 화목과 조화를 이루기 때문일 거야. 즉, 지배하는 쪽과 지배받는 쪽 둘 사이에 이성적인 부분이 지배해야 한다는 쪽으로 뜻이 통일되고, 또한 서로 반목하는 일이 없을 때일 거야.

글라우콘   절제란 바로 그런 것입니다. 국가나 개인이나 마찬가지로 말입니다.

소크라테스　따라서 올바른 사람이 되는 것은, 분명히 앞서 우리들이 여러 차례 말한 것과 같은 방식에 의해서일세.

글라우콘　맞습니다.

소크라테스　그러니까 글라우콘! 올바름이란 제화공 성향인 사람은 다른 아무 일도 하지 말고 구두 만드는 일만 하고, 목공은 목공의 일만 하고, 그 밖의 다른 사람들도 저마다 그렇게 하는 것이 옳다는 것이었어.

글라우콘　그런 것 같습니다.

소크라테스　그런데 올바름은 외적인 자기 일의 행함과 관련된 것이 아니라 내적인 자기 일의 행함, 즉 참된 자기 자신과 자신의 할 일들에 관련된 것이야. 올바름이란 자신을 잘 조절하고 스스로 자신을 지배하며 다스리고 화목함으로써, 마치 음계의 세 음정(최저음 · 중간음 · 최고음)처럼 전체가 조화를 이루는 것이지. 이렇게 절제 있고 조화된 하나의 인격이 생긴 뒤에야 무슨 행동이든 할 수 있어. 사람에게 그런 마음 상태를 유지하도록 해 주고 조성하도록 하는 데 기여하는 행위를 올바르고 아름다운 행위라고 하지. 그리고 이러한 행위를 담당하는 지식이 지혜라고 생각하네.

글라우콘　소크라테스 선생님, 전적으로 맞는 말씀입니다.

소크라테스　됐군. 그러면 우리가 올바른 사람과 올바른 국가를, 그리고 그 안에 있는 올바름이 무엇인지를 발견했다고 주장해도 괜찮겠지?

글라우콘   예.

소크라테스   그렇다면 올바르지 못함은 이들 세 부분 사이의 내분이며 참견과 간섭, 그리고 혼 전체에 대한 어떤 일부의 반란이 틀림없겠지? 말하자면 지배보다는 복종이 어울릴 것 같은 성향이 오히려 혼을 지배하려는 것이겠지? 이와 비슷한 현상들, 즉 세 부분의 혼란과 방황은 올바르지 못함이며 방종이고, 비겁이며 무지라고 할 수 있어. 따라서 이것들을 '모든 나쁨(나쁜 상태, 악덕)'이라고 할 수 있겠지?

글라우콘   그렇습니다.

✤ 여기부터는 지금까지 논의된 올바른 국가와 대비되는 올바르지 못한 국가와 혼의 유형들을 언급하기 시작한다. 소크라테스는 나쁜 국가와 혼을 연결해서 제시하는데, 거기에는 다섯 가지 유형이 있다. 하지만 이 다섯 가지 유형에 대해서는 제8, 9권에서 자세하게 다루어진다.

철인이 통치하는 국가

철학자란 지혜를 사랑하는 사람이야. 그럼 철학자가 지혜를 사랑하는 사람이라면, 어떤 지혜는 사랑하고 어떤 지혜는 사랑하지 않는 사람일까, 아니면 모든 지혜를 사랑하는 사람일까? 모든 배움을 선뜻 맛보려 하고 배우는 일을 반기며, 아무리 배워도 만족할 줄 모르는 사람, 이 사람을 우리는 지혜를 사랑하는 사람이라고 부르지.

제5권
철인이 통치하는 국가

  제5권의 내용은 크게 두 부분으로 구분된다. 앞부분은 수호자 집단의 공유 문제고, 뒷부분은 철인(哲人, 사리에 밝고 인격이 뛰어난 사람. 소크라테스는 이를 참된 철학자라고 표현했다) 통치자와 관련된 내용이다.

  수호자 집단에서 공유 문제는 소크라테스가 세 개의 파도라고 표현하듯이 아주 민감하고도 어려운 문제다. 첫 번째 파도인 여성 수호자의 역할과 교육에 대해 소크라테스는 남성 수호자와 차별 없는 대우를 요구한다. 남녀 평등 사상이 나타난 것이다. 두 번째 파도는 처자의 공유 문제로, 최선의 수호자 집단을 만들기 위한 혼인, 성관계, 출산과 양육의 문제 등이 다루어진다. 그리고 세 번째 파도는 지금까지 논의한 공유 문제가 현실적으로 가능한가에 대한 논쟁이다. 이에 대해 소크라테스는 지금까지 해 온 논의가 훌륭한 인간과 국가의 본보기를 찾아보기 위해서였고, 이론상으로 그려 본 국가에 어떻게 접근할 수 있는가를 살펴보았다는 점에 만족하자는 결론을 내린다.

  이어서 소크라테스는 지금까지 그려 본 훌륭한 국가가 나오지 못한 이유는 철학자가 지배하지 않기 때문이라는 주장을 펼친다. 소크라테스에 따르면 참된 철학자가 국가의 군주가 되지 않는 한, 지금까지 논의해 온 훌륭한 국가는 결코 햇빛을 보지 못한다고 단언한다. 그럼 이렇게 중요한 역할을 하는 철학자는 어떤 사람인가? 그는 '각각 존재하는 것 자체'를 반기는 사람이고, '지혜를 사랑하는 사람'이어야 한다.

처자를 공유하는 국가

✢ 타락한 혼과 국가 형태에 대해 논의하려던 소크라테스는 일단 이 문제를 뒤로 미루고, 이제부터 가장 잘 통치되는 국가가 어떤 국가인가를 생각해 보자고 한다. 그건 '친구들의 것은 공동의 것'이라는 속담이 최대한 실현된 국가다. 이런 국가를 실현하기 위해서는 수호자 계층에서 처자를 공유해야만 한다고 주장한다. 이러한 주장에 대해 글라우콘은 처자 공유의 현실성과 여러 가지 문제를 제기한다. 이에 따라 남성과 여성의 역할, 혼인, 출산, 성관계 등과 같은 여러 가지 문제들이 논의된다.

글라우콘   소크라테스 선생님! 수호자들에게 처자의 공유란 어떤 것이며, 출생과 양육은 어떻게 되는 것인지를 말씀해 주세요. 과연 이것이 어떤 방식으로 이루어져야 하는지도 말씀해 주시고요.

소크라테스   이 속 편한 사람아! 그걸 자세하게 말하기란 쉽지 않아. 처자를 공유하는 것이 가능한지, 또한 가능하다 해도 그것이 최선인지 의문이 제기될 걸세. 이 때문에 나는 이 문제를 건드리는 것을 망설이고 있었네.

글라우콘   저희들은 그렇지 않으니 선생님께서는 망설이지 말고 말씀해 주시죠.

소크라테스   그럼 첫 번째 파도, 즉 여성 수호자의 역할과 교육에 대해 생각해 보세. 여보게, 나는 국가를 경영하는 데 여자만이 할 수 있는 일이 있거나, 남자만이 할 수 있는 일이 따로 있다고는 생각하지 않아. 오히려 여러 가지 성향이 양쪽 성에 비슷하게 흩어져 있어서 모든 일에 남자와 여자 모두가 관여하게 되지.

글라우콘　맞습니다.

소크라테스　그렇지만 여자 자체를 놓고 보면, 어떤 여자는 수호자의 자질을 갖추었으나 다른 여자는 그렇지 못하네. 따라서 여자고 남자고를 떠나 국가 수호와 관련해서는 그 성향이 같아. 그러니까 수호자의 자질을 갖춘 여자들은 이런 부류의 남자들과 함께 살면서 함께 국가를 수호하도록 선발되어야만 해. 그들은 능히 그럴 수 있고 성향에서도 남자들과 같으니까 말일세.

글라우콘　물론입니다.

소크라테스　따라서 여성 수호자들이 남자와 마찬가지로 시가와 체육 교육을 받도록 하는 것이 당연하겠지?

글라우콘　그렇습니다.

소크라테스　이제 남성 수호자들과 여성 수호자들이 모든 걸 공동으로 수행해야만 한다는 것에 합의함으로써, 우리는 첫 번째 파도를 넘었어. 이제 두 번째 파도를 넘을 차례야.

글라우콘　그것이 무엇인데요?

소크라테스　처자의 공유 문제인데, 모든 여성 수호자들은 공유하게 되어 있고, 어떤 여자도 남자와 개인적으로는 동거하지 못하네. 또한 아이들도 공유하게 되어 있고, 따라서 누가 자기 자식인지 알 수 없으며, 누가 자기 부모인지도 알 수 없지.

글라우콘   이번 파도는 첫 번째 파도보다 훨씬 험난하군요.

소크라테스   수호자로 선발된 남자들과 여자들은 공동으로 거주하고, 공동으로 식사하며, 교육과 양육도 함께 하게 되어 있어. 그런데 이러다 보면 자연스럽게 서로 성관계를 갖게 되지. 하지만 서로 무질서하게 성관계를 갖는 것은 경건하지 못한 일이니, 이 국가에서는 가장 성스럽고 유익한 혼인을 성사시켜야 하네.

글라우콘   그렇겠네요.

소크라테스   이를 위해 통치자들은 일종의 속임수를 써야 하지.

글라우콘   무슨 말씀이죠?

소크라테스   만약 국가의 수호자들을 최상급으로 만들려면 최선의 남자들을 최선의 여자들과 자주 성관계를 갖게 하고, 그들의 자식들을 잘 양육해야 해. 그러나 제일 변변치 않은 남자들은 제일 변변치 않은 여자들과 성관계를 가져야 하고, 그들의 자식들은 잘 양육할 필요가 없지. 이런 일이 최대한 분쟁 없이 이루어지게 하려면, 이 모든 일이 통치자 자신 말고는 아무도 모르게 행해져야만 해.

글라우콘   맞는 말씀입니다.

소크라테스   통치자는 몇 차례의 축제와 제물 바치는 행사를 통해 신랑과 신부들을 만나게 하여 혼인시키고, 전쟁, 질병 등을 고려해서 남자들의 수를 가능하면 같도록 유지해야만 해. 이 국가가 더 커지

지도 작아지지도 않게 말이야.

글라우콘 옳은 말씀입니다.

소크라테스 물론 정교하게 추첨해야 하네. 그래야만 변변치 않은 사람들이 그때그때의 혼인에 대해 운을 탓할 뿐 통치자들을 탓하지는 않을 테니까 말이야.

글라우콘 물론입니다.

소크라테스 그리고 젊은이들 가운데 전쟁이나 기타 다른 분야에 뛰어난 사람들에겐 포상과 함께 여자들과 자주 동침할 수 있는 권리를 주어야 하네. 그래야만 뛰어난 사람들에게서 동시에 많은 아이들을 얻을 수 있으니까.

글라우콘 맞는 말씀입니다.

소크라테스 이렇게 태어난 모든 아이들은 배치 업무를 담당하는 관리들에게 넘겨지는데, 이 관리들은 뛰어난 사람들의 자식들을 받아서 국가의 특정 보호 구역으로 데리고 가야 하네. 그리고 변변치 않은 사람들의 자식들이나 불구로 태어난 아이들은 밝힐 수 없는 은밀한 곳에 숨겨 두지.

글라우콘 수호자 부류를 정말로 순수한 상태로 남겨 두려면 그렇게 해야겠죠.

소크라테스 그리고 관리들은 산모들을 보호 구역으로 데려가 제 자식을 알아보지 못하도록 대책을 마련한 다음, 젖을 먹이게 하지. 만약 산모의 젖이 넉넉하지 않을 때는 젖이 충분한 다른 여인의 젖을 제공함으로써 양육을 감독한다네.

글라우콘　수호자의 아내들을 위한 배려군요.

소크라테스　그리고 아이들은 장년기 사람들한테서 태어나야만 돼.

글라우콘　어떤 연령기를 말씀하시는지요?

소크라테스　여자는 스무 살에서 마흔 살까지 국가를 위해 자식을 낳네. 반면에 남자는 스물다섯 살에서 쉰다섯 살까지 자식을 낳지.

글라우콘　신체적으로나 지혜에 있어서나 그때가 바로 절정기입니다.

소크라테스　그런데 이들보다 나이가 많거나 어린 사람들이 공동체를 위한 출산에 가담한다면, 그건 무절제의 산물이며 올바르지 못한 일이야. 그리고 아기를 낳을 나이의 남자가 통치자가 짝을 지어 주지 않았는데도 같은 또래의 여자와 성관계를 갖는 것도 올바르지 못하네. 그러나 남자와 여자가 모두 아이를 낳을 나이를 벗어나면 각자 원하는 상대와 자유롭게 성관계를 갖도록 내버려 둘 거야. 다만 자신의 딸이나 어머니, 딸의 자식들이나 어머니의 선대 여자들만 제외하고 말일세. 또한 여자들도 자신의 아들이나 아버지, 이들의 후대나 선대 남자들을 제외하고는 자유롭게 성관계를 가질 수 있을 거야. 다만 이런 경우 단 한 명의 아기도 태어나지 않도록 주의를 기울여야 해.

글라우콘　그렇지만 서로 자신의 아버지나 딸들, 그리고 친인척 관계인 사람을 어떻게 구별할 수 있나요?

소크라테스   구별할 길이 없어. 따라서 어떤 한 사람이 신랑이 된 날로부터 일곱 달에서 열 달째까지 태어난 모든 아이들은 아들이나 딸로 부를 것이고, 아이들은 그를 아버지로 부를 거야. 또한 이런 식으로 손자, 할아버지, 할머니의 관계가 형성될 거야.

글라우콘   그렇군요.

소크라테스   글라우콘! 국가 수호자들의 처자 공유란 지금까지 말한 것들이야. 그러나 이것이 국가의 다른 제도와 어울릴 뿐만 아니라 월등하게 최선의 방법이라는 점이 밝혀져야만 하네.

글라우콘   그렇게 되어야 할 것입니다.

소크라테스   그렇다면 우리가 먼저 합의해야 할 것은, 입법자가 법률을 제정하고 국가를 구성하는 데 최대선(最大善)이 무엇이며 최대악(最大惡)이 무엇인지를 스스로 물어보는 것이요, 다음으로는 이제껏 우리가 말한 것들이 그 선과 일치하고, 그 악과는 일치하지 않는지를 살펴보는 것이 아닐까?

글라우콘   그렇습니다.

소크라테스   그러면 국가를 분열시켜 여럿으로 만드는 것이 가장 나쁜 일이겠지? 또한 국가를 단결시켜 하나로 만드는 것이 가장 좋은 일이겠지?

글라우콘   물론입니다.

소크라테스 그런데 어떤 일이 발생했을 때 대부분의 시민들이 같이 슬퍼하고 같이 기뻐한다면 단결이 되지 않겠나?

글라우콘 단결이 될 것입니다.

소크라테스 그렇지만 같은 일에 대하여 어떤 사람은 몹시 고통스러워하는데 다른 사람은 몹시 즐거워한다면, 즉 기쁨과 슬픔을 서로 달리한다면 국가가 분열되겠지?

글라우콘 그럴 겁니다.

소크라테스 그러니까 한 몸 같은 상태의 국가가 가장 훌륭하겠군. 이를테면 우리 가운데 누군가 손가락을 다쳤을 때, 혼과 육체 전체는 하나로 연결되어 있어서 그 부분이 아파하는 것과 동시에 전체가 함께 괴로워하지. 이는 육체의 어느 부분에 고통이 생기거나 고통이 감소되는 경우에도 마찬가지겠지?

글라우콘 마찬가지입니다. 그리고 가장 잘 통치되는 국가는 그런 상태에 가장 가까운 국가입니다.

소크라테스 그렇다면 이 국가의 수호자들은 다른 수호자들을 남이라고 생각하겠는가?

글라우콘 그렇지 않습니다. 그는 자기가 만나는 모든 사람을 형제나 누이, 아버지나 어머니, 아들과 딸, 자손이나 조상으로 생각할 것입니다.

소크라테스 그리고 이들은 '내 것', '네 것'을 따로 구분하지 않고, 즐거움과 고통을 함께 할 거야. 이들이 이렇게 할 수 있는 출발점은 바로 처자를 공유했기 때문이야. 또한 이들에겐 어떤 사유 재산도 없기 때문이지. 그리고 이들끼리는 어떤 소송이나 고소도 없을 것이고, 분쟁도 없을 거야. 이들끼리 분쟁이 없어지면 나머지 시민들과 갈라설 위험도 없겠지. 이 수호자들은 국고에서 충분한 지원을 받으며, 살아서도 상을 받고 죽어서도 그에 걸맞는 무덤을 배분받을 거야. 앞에서 누군가가 수호자들은 시민들이 가질 수 있는 모든 것들을 가질 수 없어서 행복하지 못하다고 했는데, 그것은 틀린 말이네. 우리 수호자들의 삶은 올림피아 경기의 우승자보다도 훨씬 아름답고 좋으며, 다른 어떤 장인이나 농부의 삶과도 비교할 수 없네.

글라우콘   그렇습니다. 그런데 소크라테스 선생님! 지금까지 말한 모든 것을 공유하는 훌륭한 국가가 현실적으로 가능합니까? 그것이 가능하다면 어떻게 가능한지를 말씀해 주시죠.

소크라테스   자넨 두 차례의 파도를 가까스로 넘어 온 나에게 가장 어려운 세 번째 파도를 몰고 오는군. 이보게 글라우콘! 지금까지 우리는 올바름과 올바르지 못함이 어떤 것인지를 찾아 여기까지 이르렀네. 우리는 올바름 자체가 무엇인지, 그리고 완전히 올바른 사람이 있을 수 있다면, 그 사람은 어떤 사람인지를 이야기했어. 그리고 올바르지 못함과 올바르지 못한 사람에 대해 탐구한 것은 어떤 본보기를 찾아보기 위해서였지. 즉, 행복과 불행의 관점에서 이들의 삶이 어떻게 보이는지를 생각하면서, 우리 자신의 모습을 이들에게 적용해 보려던 것이지. 따라서 그것들이 실제로 실현될 수 있는지를 입증하려는 것은 아니었어.

글라우콘   그건 사실입니다.

소크라테스   예를 들어 가장 아름다운 인간이 어떤 것인지 그 본보기를 그리고서, 그 그림에 모든 걸 충분히 표현해 넣은 화가가 그와 같은 인물이 실제로 있을 수 있음을 입증하지 못했다고 해서, 그가 훌륭한 화가가 아니라고 생각하나?

글라우콘   그렇지 않습니다.

소크라테스   그럼 어떤가? 우리 역시 논의를 통해서 훌륭한 국가의 본보기를 만들었다고 말할 수 있지 않을까?

글라우콘   말할 수 있습니다.

소크라테스   그렇다면 앞서 이야기한 국가의 수립을 우리가 입증할 수 없다고 해서, 우리가 한 말이 훌륭하지 않은 것일까?

글라우콘   그렇지 않습니다.

소크라테스   그러니까 자네는 우리가 논의를 통해 말한 것들이 완전히 실제로 실현되는 걸 보여 달라고 내게 강요하지는 말게. 오히려 한 국가가 어떻게 하면 우리가 말한 내용에 가장 가깝게 다가갈 수 있는지를 발견할 수 있다면, 그런 국가가 실현될 가능성이 있음을 확인한 것으로 하자고.

글라우콘   그것으로 만족합니다.

철인이 통치하는 국가

소크라테스   그러면 다음으로 우리가 살펴봐야 할 것은 오늘날 잘못된 국가는 도대체 무엇이고, 무엇 때문에 이 국가들이 훌륭하게 다스려지지 못하는지, 그리고 최소한 어떤 변혁이 있어야 그 국가가 이런 유형의 국가로 변할 수 있는지에 관해서일세.

글라우콘   그렇습니다.

소크라테스   그런데 내 생각으로는 한 가지 변혁만으로도 국가가 바뀌는 것을 보여 줄 수 있을 것 같아. 그건 쉽지는 않지만 가능한 일이지.

글라우콘   어떻게요?

소크라테스   여보게 글라우콘! 모든 국가나 인류에게서 나쁜 것들이 완전히 사라지는 일은 없어. 철인들이 국가의 군주가 되거나, 아니면 현재의 군주 또는 지배자들이 참된 지혜를 사랑하지 않는 한 말일세. 그렇게 되기 전에는 지금까지 우리들이 논의해 온 그런 국가는 결코 햇빛을 보지 못할 거야. 실은 이것이 내가 전부터 표현하기를 망설여 온 이유야. 굉장히 역설적인 이야기기 때문이지. 왜냐하면 철학자가 통치하는 방법 말고는 다른 어떤 방책으로도 좋은 국가를 수립할 수 없는데, 이것을 깨닫기란 힘드니까.

글라우콘   소크라테스 선생님! 선생님께서 일단 그런 말씀을 하셨으니 각오하셔야 합니다. 그야말로 만만치 않은 많은 사람들이 웃통을 벗어던지고 맨몸으로 닥치는 대로 무기를 들고 달려와 어떤 짓을 저지를지 모르기 때문입니다. 만약에 선생님께서 이들을 이론으로 설득하지 못하신다면, 그땐 선생님께서 정말 조롱을 당하실 것입니다.

소크라테스   이런 일이 벌어진 것은 자네 탓이 아닌가?

글라우콘   저도 어쩔 수 없는 일이죠. 그렇지만 저는 결단코 선생님을 저버리지는 않을 것입니다. 제가 할 수 있는 한 모든 수단을 다해서 막아 드리겠습니다. 그러나 제가 할 수 있는 건 선생님에 대한 호의와 격려고, 어쩌면 다른 사람보다는 좀 더 적절한 답변을 할 수도 있다는 것뿐입니다. 어쨌든 이렇게 도와드리는 사람이나마 있으니, 선생님의 주장을 믿지 않는 사람들에게 선생님의 말씀이 모두 사실이라는 것을 보여 주셔야 합니다.

소크라테스   그러도록 해야지. 자네가 그처럼 큰 지원까지 해 주겠다니 말이야. 그런데 만약 자네가 말하는 그러한 사람들을 어떻게든 피하기 위해서는, 우리가 감히 통치를 맡아야 한다고 주장하는 그 철학자들이 어떤 사람들인지를 그들에게 정의해 주어야 해. 그래서 철학자들이 어떤 사람들인가가 분명해지면, 어떤 사람은 철학에 종사하면서 동시에 국가의 지도자가 되는 게 성향상 적합하고, 어떤 사람은 철학에 종사하는 것이 어울리지 않고 지도자에게 복종하는 것이 적합하다는 것을 보여 줌으로써 그들을 막아 낼 수 있을 거야.

글라우콘　그렇다면 지금이야말로 그 정의를 내려야 할 때군요.

소크라테스　글라우콘! 철학자란 지혜를 사랑하는 사람이야. 그럼 철학자는 어떤 지혜는 사랑하고 어떤 지혜는 사랑하지 않는 사람일까, 아니면 모든 지혜를 사랑하는 사람일까?

글라우콘　모든 지혜를 사랑하는 사람입니다.

소크라테스　모든 배움을 선뜻 맛보려 하고 배우는 일을 반기며 아무리 배워도 만족할 줄 모르는 사람, 이 사람을 우리는 지혜를 사랑하는 사람이라고 부를 수 있겠지?

글라우콘　선생님께서 말씀하신대로라면, 많은 사람들이 지혜를 사랑하는 사람이 될 텐데요. 구경을 좋아하는 사람, 듣기를 좋아하는 사람, 기술 배우기를 좋아하는 사람도 자기가 좋아하는 것과 관련된 것을 적극적으로 배우려고 하니까요. 이런 사람들도 지혜를 사랑하는 사람이라고 말해야 하지 않나요?

소크라테스　그렇지 않아. 그런 사람들은 지혜를 사랑하는 사람들을 닮은 사람들이라고 말할 수 있어.

글라우콘　그렇다면 선생님께서 말씀하시는 참된 철학자란 어떤 사람입니까?

소크라테스 진리를 좋아하는 사람이라고 할 수 있지.

글라우콘 그렇군요. 그런데 그건 어떤 뜻으로 하시는 말씀입니까?

소크라테스 그걸 남에게 설명하기란 쉽지 않아. 그렇지만 자네라면 다음과 같은 것에 대해 나에게 동의할 것 같은데?

글라우콘 어떤 것이지요?

소크라테스 아름다움은 추함과 반대이므로, 이들은 두 가지일세.

글라우콘 당연합니다.

소크라테스 그러니까 둘인 이상, 그 각각이 하나의 것이겠지?

글라우콘 그렇습니다.

소크라테스 그리고 올바름과 올바르지 못함, 선과 악, 그리고 그 밖의 모든 형상(形相 idea)[1]들의 경우도 마찬가지로 모든 각각이 그 자체는 하나지만, 여러 행위와 물체가 결합해서 그 각각이 여러 가지로 보이게 되지.

---

[1] 《국가》에서 가장 중요한 이론 가운데 하나가 이데아론이다. 이 이데아론은 제2권에서도 잠깐 등장하지만, 여기서부터 본격적으로 나타난다. 원어로 'idea, eidos, morphē'와 같은 몇 가지 단어로 쓰이는데, 여러 가지 말로 번역될 수 있지만 '이데아'라는 단어가 많이 사용되기 때문에 플라톤의 이데아론이라고 불린다. 플라톤이 말하는 이데아는, 이 세상 모든 사물과 존재가 갖고 있는 본모습 또는 참모습을 말한다. 이것은 감각 기관으로 볼 수 있는 것이 아니라 지성으로 볼 수 있는 것이다. 훗날 아리스토텔레스가 'morphē'를 '형상'이라고 부르면서, 이데아 또는 형상이라는 단어가 글의 문맥에 따라 섞여서 사용되고 있다. 이 글에서도 글의 문맥에 따라 두 단어를 적절하게 사용할 것이다. 이데아의 의미는 《국가》 제6, 7권에서 '좋음의 이데아'를 설명하면서 더욱 분명하게 드러난다.

글라우콘 옳은 말씀입니다.

소크라테스 그러므로 나는 바로 이 점에서 방금 자네가 말한 구경을 좋아하는 사람들이나 전문적 기술을 좋아하는 사람들을 한쪽으로 구분해 놓고, 지금 우리가 논의하고 있는 사람들을 다른 한쪽으로구분하여 이들만을 철학자라고 불러야 마땅하다고 생각하네.

글라우콘 어떤 뜻으로 하시는 말씀입니까?

소크라테스 아마도 듣기를 좋아하는 사람들이나 구경을 좋아하는 사람들은 아름다운 소리나 빛깔이나 모양을, 그리고 이와 같은 것들로 만들어진 온갖 물건들을 반길 거야. 그러나 이들의 사고는 '아름다움 자체'의 본성을 볼 수도 없고 반길 수도 없을 거야.

글라우콘 그건 그렇습니다.

소크라테스 그러니까 '아름다움 자체'에 다가가서 그걸 '그 자체'로 볼 수 있는 사람들은 적지 않을까?

글라우콘 그렇지요.

소크라테스 아름다운 사물들은 믿으면서 '아름다움 자체'는 믿으려 하지 않는 사람, 또한 누군가가 '아름다움 자체'를 올바르게 인식하도록 안내하려고 해도 따라갈 수 없는 사람은 꿈꾸는 상태로 살고 있다고 생각하나, 아니면 깨어 있는 상태로 살고 있다고 생각하나?

글라우콘 꿈을 꾸고 있는 상태로 살고 있다고 생각합니다.

소크라테스 그와는 반대로 '아름다움 자체'를 믿을 뿐만 아니라, 그 자체와 그것에 관련된 것들을 알아볼 수 있는 사람은 깨어 있는 상태로 살고 있다고 생각하나, 아니면 이 사람 역시 꿈을 꾸는 상태로 살고 있다고 생각하나?

글라우콘　그야 물론 깨어 있다고 생각합니다.

소크라테스　그렇다면 이 사람의 사고는 올바른 것으로서 '인식(지식, 앎)' 이라고 할 수 있으나, 다른 사람의 사고는 하나의 의견만을 말하는 것으로서 '의견(판단)'이라고 하는 것이 옳겠지?

✤ 여기서부터는 조금 어려운 플라톤의 인식론과 존재론이 나타난다. 먼저 인식론에서 플라톤은 사람의 사고 능력을 '인식', '의견', '무지' 세 가지로 구분한다. 이때 '있는 것(존재)'이 '인식'의 대상이라면, '무지'의 대상은 '있지 않은 것(비존재)'이다. 그리고 '의견'의 대상은 '있는 것'과 '있지 않은 것'의 '중간의 어떤 것'이다. 이것을 알기 쉽게 그림으로 나타내면 다음과 같다.

사고 능력	인식(지식, 앎)	의견(판단)	무지
사고 대상	있는 것(존재)	중간의 어떤 것	있지 않은 것(비존재)

그런데 우리는 '있는 것'과 '있지 않은 것'은 분명히 알 수 있으나, '중간의 어떤 것'이 무엇인지는 이해하기 어렵다. 따라서 '의견'의 대상이 되는 존재와 비존재 사이의 어떤 것이 무엇인가를 밝혀야 하는데, 이것을 밝히는 과정에서 자연스럽게 플라톤의 존재론적 논의가 전개된다.

소크라테스　그러고 보니 아름다움이나 다른 여러 가지 것들에 관한 많은 사람들의 의견은 '존재하지 않는 것'과 '존재하는 것'의 중간 어딘가에서 맴돌고 있는 것 같아.

글라우콘   그렇습니다.

소크라테스   뿐만 아니라 우리는 앞서, 만약 그와 같은 것이 발견되면 그것은 '의견'의 대상이지 '인식'의 대상은 아니라는 것, 따라서 그처럼 중간에서 헤매는 것은 중간의 능력에 의해 파악되는 것이라는 데에 동의했었지.

글라우콘   동의했습니다.

소크라테스   그렇다면 많은 아름다운 것들을 보되 '아름다움 자체'는 보지 못하고, 또한 많은 올바른 것들을 보되 '올바름 자체'는 보지 못하며, 또 그 밖의 모든 것들에 대해서도 '그 자체'를 보지 못하는 사람을 가리켜 '의견'은 갖고 있지만, '인식'하지는 못하는 사람들이라고 할 수 있을 거야.

글라우콘   그렇습니다.

소크라테스   그러나 이와 반대로 각각 그 자체를, 즉 언제나 꼭 같은 방식으로 한결같은 상태에 있는 것을 바라보는 사람들에 대해서는 뭐라고 할까? 이런 사람들은 '인식'은 하되 '의견'을 가진 건 아니라고 말해야 하겠지?

글라우콘   그래야 합니다.

소크라테스   그렇다면 '인식'하는 사람들은 인식과 관련된 대상들을 반기며 사랑하고, '의견'을 갖는 사람들은 '의견'과 관련된 대상들을 반기며 사랑한다고 말해야겠군. 혹시 자네 이런 사람들이 아름다운 소리나 빛깔 또는 이런 종류의 것들은 사랑하며 바라보되, '아름다움 자체'를 존재하는 것으로서 인정하려 들지 않는다고 앞서 우리가 말했던 걸 기억하나?

글라우콘 기억합니다.

소크라테스 그렇다면 이런 사람들을 '지혜를 사랑하는 사람들'보다는 '의견을 사랑하는 사람들'이라고 부르면 되지 않을까? 우리들이 그렇게 말하면 그들이 크게 화를 낼까?

글라우콘 그러지는 못할 것입니다. 그들이 제 말을 알아듣는다면 말이지요. 왜냐하면 진실에 대해서 화를 내는 것은 옳지 못하니까요.

소크라테스 그러니까 '각각의 존재하는 것 자체'를 반기는 사람들을 '지혜를 사랑하는 사람들(철학자들)'로 불러야지, '의견을 사랑하는 사람들'로 불러서는 안 되겠지?

글라우콘 그렇습니다.

제 **6** 권

통치자의 자질과 좋음의 이데아

내 생각으로는 '좋음의 이데아'가 가장 중요한 최고의 배움일세. 그리고 바로 이 이데아 덕분에 올바른 것들과 그 밖의 다른 것들도 유용하고 유익한 것이 되지. 그런데 우리는 이 이데아를 충분히 알지 못해. 그러나 만약 우리가 이 것을 모르다면 다른 것들을 아무리 잘 알고 있어도 우리들에게는 아무런 소용도 없어. 마치 우리가 어떤 것의 '좋음'을 빠뜨린 채 그걸 가진들 아무 소용이 없듯이 말이야.

통치자의 자질과 좋음의 이데아

제5권에서 지혜를 사랑하는 사람들과 그렇지 않은 사람들이 어떤 사람인지가 밝혀졌으므로, 어느 쪽이 국가의 통치자가 되어야 하는가를 소크라테스가 묻는다. 결국 철학자들이 국가의 통치자가 되어야 하는데, 그러면 철학자들은 어떤 자질을 갖추어야 하는지를 논의한다.

철학이 이렇게 중요함에도 불구하고, 일반 사람들의 철학에 대한 평가는 좋지 않다. 철학은 유능한 사람을 무능한 사람으로 만든다는 것이다. 따라서 철학은 젊어서 잠시 해 볼 것이지, 그걸로 오랜 세월을 보내다가는 무능한 인간으로 전락해 버린다고 평가한다. 이렇게 되니 철학적 자질을 갖추지도 못한 엉뚱한 사람들이 철학을 하게 되어 철학의 명예를 떨어뜨린다.

그러나 철학자가 통치하는 국가가 가장 훌륭한 국가라고 선언한 이상, 올바른 철학 교육을 통해 통치자를 양성해야 함은 피할 수 없는 임무다. 이에 따라 장래의 통치자를 양성하기 위한 교육 내용과 과정이 논의되는데, 배워야 할 가장 중요한 것이 '좋음의 이데아'다. 그러면 이 '좋음의 이데아'가 무엇인지를 밝혀야 하는데, 그 의미를 설명하기 위해 '태양의 비유'가 등장하고, 이 인식에 이르기까지의 앎의 대상과 단계들을 설명하기 위해 '선분의 비유'가 사용된다.

통치자의 자질과 교육

소크라테스　글라우콘! 이처럼 긴 논의를 거치면서 지혜를 사랑하는 사람들과 그렇지 않은 사람들이 각각 어떤 사람들인지가 가까스로 밝혀졌네.

글라우콘　그럼 우리가 다음에 다루어야 할 것은 무엇이죠?

소크라테스　'언제나 똑같은 방식으로 한결같은 상태에 있는 것'을 파악할 수 있는 이들이 지혜를 사랑하는 사람들인 반면에, 이것을 파악하지 못하면서 잡다하고 변화무쌍한 것들 속에서 헤매는 이들은 지혜를 사랑하는 사람들이 아니라고 했네. 그럼 도대체 어느 쪽이 국가의 지도자가 되어야만 하는가를 살펴볼 차례야.

글라우콘　글쎄요. 어떻게 말해야 맞을까요?

소크라테스　어느 쪽이든 국가의 법률과 풍속을 수호할 수 있는 사람들을 수호자로 임명해야 해.

글라우콘　옳습니다.

소크라테스　그러면 무엇이든 감시해야 할 수호자가 눈먼 사람이어야 할까, 아니면 날카롭게 보는 사람이어야 할까?

글라우콘　당연히 날카롭게 보는 사람이어야 합니다.

소크라테스　그러면 눈먼 사람들은 각각의 '실재(존재하는 것 자체)'를 인식하지 못해서 그 혼 속에 아무런 뚜렷한 본보기도 지니지 못한 사람들과 어떻게 다를까?

글라우콘   다를 게 없습니다.

소크라테스   그렇다면 각각의 '실재'를 인식하고 있으며, 경험도 다른 사람들에게 뒤지지 않는 사람들을 수호자로 임명해야겠지?

글라우콘   다른 점에서 부족함이 없다면 이들을 수호자로 임명해야 합니다. 이 사람들은 가장 중요한 것을 인식한다는 점에서 남들보다도 빼어날 것이기 때문입니다.

소크라테스   그러므로 우리는 먼저 철학자들의 자질을 제대로 알아야만 해. 그리고 만약 철학자들의 자질에 대해 우리가 충분히 합의를 한다면, 철학자 외에는 다른 어떤 사람도 국가의 지도자가 되어서는 안 된다는 것에 합의하게 될 거야.

글라우콘   그렇다면 우리가 원하는 철학자들은 어떤 자질을 갖추고 있어야 합니까?

소크라테스   먼저 그들은 생성과 소멸을 뛰어넘어 존재의 본질에 대해 배우는 것을 사랑하는 사람이어야 하네. 그들은 거짓을 싫어하고 진리를 좋아하며, 절제가 있고 재물을 좋아하지 않아. 이렇게 절제가 있고 재물을 좋아하지 않으니, 저속하지도 않고 허풍을 치지도 않고 비겁하지도 않네. 또한 그들은 기억력이 좋고 무엇이든 쉽게 배우며 고매하고 정중하지. 그들은 한마디로 진리와 올바름, 용기, 절제 등과 친구라고 할 수 있지.

✤ 철학자들을 교육해서 국가의 수호자로 삼아야 한다는 소크라테스의 주장에 대하여 아데이만토스는 현실적으로 철학자들은 쓸모 없는 사람들로 취급된다면서 이의를 제기한다. 이에 소크라테스는 아데이만토스의 지적이 사실이기는 하지만, 그건 철학자들의 잘못이 아니라 그들을 잘 활용하지 못하는 사회의 잘못이라고 주장한다. 그리고 이러한 당시의 잘못된 현실을 배 조종술에 비유해서 비판한다.

배 조종술도 분명히 하나의 기술이기 때문에 선장이 되려면 당연히 이 기술을 익혀야 하는데도, 선원들은 가르침을 통해서 조종술을 배우는 것이 아니라고 생각한다. 오히려 그런 배움을 인정하지 않고 서로 키를 잡으려고 아우성치다가 항해중인 선박을 난장판으로 만든다. 이 싸움에서 키를 잡는 사람은 힘이 세거나 온갖 수단을 다 써서 다른 선원들의 환심을 최대한 사는 사람이고, 반면에 진짜 조종술을 익힌 사람은 수다스럽고 쓸모 없는 사람으로 따돌림을 당한다. 그래서 이 배는 결국 난파선이 되거나 암초에 걸릴 수밖에 없는 상황에 놓인다.

이런 현실 때문에 지혜로운 사람들이 쓸모 없는 사람으로 취급받는다고 지적하면서, 철학 자체에 대해 사람들이 판단을 잘못 하는 것은 다음의 두 가지 이유 때문이라고 주장한다.

첫째, 철학적 자질을 지녔던 사람들이 이러한 현실 때문에 타락한 데서 오해가 생긴다. 가장 훌륭한 자질을 지닌 젊은이들이 나쁜 환경과 나쁜 교육 때문에 타락해서, 마치 좋은 품종의 씨앗이 나쁜 토양 때문에 어쩔 수 없이 볼품 없게 된 것과 같다. 둘째, 진정으로 철학적 자질을 지닌 사람들이 이 같은 현실적인 이유로 철학을 외면하고 철학에서 떠나 버리고, 오히려 능력 없고 보잘것없는 사람들이 철학을 함으로써 철학에 대한 잘못된 평가가 내려진다.

그러나 철학적 자질을 충분히 갖추고, 어떤 경위로든 끝까지 철학에 종사하는 몇 안 되는 사람들은 현실의 정치를 멀리하고 오로지 철학하는 즐거움 속에서만 산다. 이런 사람들이 자기에게 어울리는 국가를 만든다면, 그들은 훌륭한 철인 통치자가 될 수 있을 것이다. 이제까지 논의를 통해서 수립해 본 국가가 바로 그러한 국가이므로, 그런 철학적 자질을 갖춘 사람들을 엄격히 선발해서 제대로 가르쳐야 한다는 문제가 발생한다.

소크라테스 　그러면 이 국가의 통치자를 만들기 위한 교육 방법과 과정들을 살펴보세.

아데이만토스 　그렇게 하지요.

소크라테스 　혹시 자네가 기억하고 있는지 모르지만, 우리는 이런 말을 했었어. 통치자들은 즐거운 일이나 괴로운 일을 거치면서 자신의 국가를 사랑하는 사람으로 판정받아야 하고, 이 신념을 어떤 두려움이나 변화가 있어도 버리지 않는 사람들로 판정받아야만 한다고 말일세. 만약 그렇지 못한 사람은 제외되어야만 한다고 했고. 그래서 마치 불 속에서 담금질을 거친 금처럼, 살아 있을 때나 죽은 뒤에나 명예와 상을 주어야만 된다고도 했네.

아데이만토스 　기억하고 있습니다.

소크라테스 　여보게, 그렇다면 '가장 엄밀한 의미의 수호자들'은 철학자들이어야 한다고 주장하세.

아데이만토스 　그렇게 주장하죠.

소크라테스 　그러면 그들은 당연히 몇 명밖에 안 될 거야. 왜냐하면 그들이 갖추고 있어야 한다고 우리들이 말한 자질들은 한 사람에게 서 한꺼번에 나타나는 일은 드물고, 대부분 분산되어 나타나기 때 문이야.

아데이만토스 무슨 말씀이신지요?

소크라테스 쉽게 배우고 기억력이 좋으며, 총명하고 민첩하며, 또한 활 기차고 생각이 당당한 성향들은 조용함과 안정됨을 유지하며, 얌전 히 살고 싶어 하는 성향들과 좀처럼 함께 자라지 않아. 오히려 앞의 성향을 지닌 사람들은 민첩하기 때문에 각각의 상황에 쉽게 휩쓸리 지. 따라서 안정감 같은 것을 찾아보기 힘들다네.

아데이만토스 그건 사실입니다.

소크라테스 반면에 뒤의 안정되고 좀처럼 변하지 않는 성향은 오히려 믿음직한 것들로 이용할 수 있어서, 전쟁에서나 배움에서도 요지부 동의 자세를 보이지.

아데이만토스 그렇습니다.

소크라테스 그렇지만 적어도 통치자가 될 사람은 양쪽 성향을 고루 갖 추고 있어야만 해. 만약에 그렇지 못하다면 그런 사람에게는 가장 엄밀한 의미에서 교육의 기회도 명예도 관직도 주어서는 안 되네.

아데이만토스 옳은 말씀입니다.

소크라테스 따라서 그런 성향을 가진 사람은 우리가 말했던 힘든 일과 두려운 일, 그리고 즐거운 일에 대한 시험을 거쳐야 하며, 또한 더 나아가 많은 학문들을 통해서도 단련되어야 하네. 그래야만 그의 자질이 가장 최고의 학문도 감당해 낼 수 있는지, 아니면 다른 경우에 꽁무니를 빼는 사람들처럼 꽁무니를 뺄 것인지를 살필 수 있을 거야.

아데이만토스   그렇게 지켜보는 것은 필요한 일입니다. 그렇다면 최고의 학문이란 어떤 것을 말씀하시는 것입니까? 올바름보다 더 높은 단계의 배움이 있나요?

좋음의 이데아

소크라테스   더 높은 게 있고말고. 내 생각으로는 '좋음의 이데아(참모습)'가 가장 중요한 최고의 배움일세. 그리고 바로 이 이데아 덕분에 올바른 것들과 그 밖의 다른 것들도 유용하고 유익한 것이 되지. 그런데 우리는 이 이데아를 충분히 알지 못해. 그러나 만약 우리가 이것을 모른다면 다른 것들을 아무리 잘 알고 있어도 우리에게는 아무 소용이 없어. 마치 우리가 어떤 것의 '좋음'을 빠뜨린 채 그걸 가진들 아무 소용이 없듯이 말이야.

아데이만토스   선생님 말씀이 옳습니다. 그런데 소크라테스 선생님! '좋음의 이데아'란 무엇인가요?

소크라테스   우리는 세상의 '많은 것들은 아름답다.' 또는 '많은 것들은 좋다(선하다).'라고 표현을 하지.

글라우콘   그렇게들 표현하지요.

소크라테스   그런가 하면, '아름다움 자체' 또는 '좋은 것 자체'라고 표현하면서, 위에서 말한 모든 것마다 각각 이데아가 있다고 생각을 하지. 그리고 이 이데아에 따라 각각을 '실재하는 것'이라고 부른다네. 또한 우리는 앞의 것들을 눈으로 볼 수 있지만, 지성을 통해서는 보지 못한다고 말을 하네. 반면에 이데아는 지성을 통해 볼 수 있는 것이지, 눈으로 볼 수 있는 것은 아니라고 말하네.

글라우콘   그렇습니다.

소크라테스   그렇다면 우리는 무엇을 통해 보이는 것들을 보는가?

글라우콘   시각을 통해서 봅니다.

소크라테스   그러니까 들리는 것들은 청각으로, 그 밖의 '감각으로 알 수 있는 것들'은 감각 기관을 통해 알게 되겠지?

글라우콘   물론입니다.

소크라테스   그런데 다른 감각 기관과는 다르게, 우리가 시각으로 다른 대상들을 보려면 '빛'이라는 요소가 필요해.

글라우콘   그렇지요.

소크라테스   그러니까 '보는' 감각과 '보이는' 힘은 서로 빛으로 연결되어 있어. 그렇다면 하늘에 있는 신들(그리스인은 천체를 신이라고 부른다) 가운데 누구를 이 빛의 주인이라고 할 수 있지? 즉, 어느 신의 빛이 우리의 눈으로 하여금 최대한 잘 보게 하며, 또한 보이는 것들이 최대한 잘 보이게 하느냐는 말이야.

글라우콘   태양입니다.

소크라테스   하지만 시각 자체, 즉 우리가 눈이라고 부르는 것이 태양은 아니야.

글라우콘   그렇죠.

소크라테스   그러나 감각 기관 가운데 어쨌든 태양과 가장 많이 닮은 것은 눈이지.

글라우콘   맞습니다.

소크라테스   그런데 눈이 가진 이러한 힘 또한 태양에서 분배받는 게 아닌가?

글라우콘   그렇습니다.

소크라테스   그렇다면 태양이 곧 눈은 될 수 없어도 시각의 원인이 되어 눈으로 하여금 보게 하는 게 아니겠나?

글라우콘   그렇습니다.

소크라테스   태양을 나는 좋음의 아들이라고 부르고자 하네. 즉, 그것은 좋음이 자기 자신과 비슷하게 낳은 것이며, 지성의 영역에서 지성과 지성 대상물의 관계처럼 눈에 보이는 영역에서 시각과 시각 대상물의 관계라고 할 수 있어.

글라우콘   좀 더 자세히 설명해 주십시오.

소크라테스　눈이 빛이 있는 쪽으로 향하지 않고 어두컴컴한 쪽으로 향할 경우, 눈은 마치 그 속에 맑은 시각이 없기라도 한 듯이 침침해서 거의 눈이 먼거나 마찬가지인 것처럼 보인다는 사실을 자네는 알고 있겠지?

글라우콘　네, 알고 있습니다.

소크라테스　그러나 태양빛을 잘 받는 사물은 뚜렷이 보이지.

글라우콘　물론입니다.

소크라테스　혼도 마찬가지야. 혼이 진리와 실재하는 것에 잘 비칠 경우에는 그 사물을 잘 인식해서 지성이 있는 것처럼 보이네. 그러나 혼이 어둠과 섞인 것, 즉 생성·소멸하는 현상에 머물러 있을 때는 '의견'만을 갖게 되고, 그 의견마저도 여러 가지로 변할 수가 있어서 지성을 지니지 못한 것처럼 보이지.

글라우콘　정말 그런 것처럼 보입니다.

소크라테스　그러니까 인식되는 것들에 진리를 제공하고, 인식하는 것들에 그것을 제대로 인식할 수 있는 능력을 부여하는 것을 '좋음의 이데아'라고 할 수 있지 않을까? 그리고 '좋음의 이데아'는 인식과 진리의 근원이라고 생각해도 맞을 거야. 하지만 인식과 진리가 훌륭한 것들이긴 해도, '좋음의 이데아'는 이것들과도 다르며 이것들보다 한결 더 훌륭한 것이라고 생각하는 게 옳을 걸세.

　다시 말해 눈에 보이는 영역에서 빛과 시각을 태양과 같은 것으로 생각하는 것은 옳지만 태양으로 믿는 것은 옳지 않듯, 인식과 진리를 '좋음'을 닮은 것으로 생각하는 것은 옳지만 그 자체를 '좋음'이라 여기는 것은 옳지 않아. '좋음'은 한층 더 귀중한 것으로 존중되어야 하네.

글라우콘 　굉장한 아름다움을 말씀하고 계시군요. 다시 말해 '좋음'이 인식과 진리를 제공하지만, '좋음' 자체가 아름답다는 점에서 인식과 진리를 넘어선다는 말이군요. 선생님께서 '좋음'을 쾌락이라고 말씀하실 리 없을 테니까요.

소크라테스 　당치도 않은 말을 하는군. 그보다도 '좋음'의 닮은꼴인 태양을 좀 더 자세히 관찰해 보세.

글라우콘 　어떤 방법으로 말입니까?

소크라테스 　태양이란 볼 수 있는 것들을 볼 수 있도록 할 뿐만 아니라 생성과 성장, 그리고 영양을 공급한다고 할 수 있겠지? 그것 자체는 생성이 아니면서 말이야.

글라우콘 　그렇습니다. 태양이 생성 자체는 될 수 없습니다.

소크라테스 　마찬가지로 '좋음'은 모든 인식되는 것에 대한 지식의 창조자일 뿐만 아니라, 그 사물의 존재와 본질의 창조자라고 해도 맞을 걸세. 즉, '좋음'은 '(단순한) 존재'가 아니라 지위와 힘에서 '존재'를 초월한 것이야.

글라우콘 　아폴론 신이시여! 얼마나 놀라운 우월성입니까!

소크라테스 그것은 자네 책임일세. 자네가 '좋음'에 대한 나의 견해를 억지로 듣고 싶어 했으니까.

글라우콘 혹시 남겨 둔 것이 있다면 '좋음'과 태양의 비슷한 점을 좀 더 말씀해 주십시오.

소크라테스 실은 많이 남겨 놓았네.

글라우콘 그럼 조금도 빠뜨리지 말고 말씀해 주세요.

소크라테스 이 세계에는 두 개의 지배적인 힘이 있는데, 하나는 '사유의(지성으로 알 수 있는)' 영역을 지배하고, 다른 하나는 '가시적(눈으로 보이는)' 영역을 지배한다고 생각해 보세. 하여간 두 가지 지배적인 힘이 있다는 것은 알겠지? 눈으로 보이는 영역과 지성으로 알 수 있는 영역 말이야.

글라우콘 예, 알겠습니다.

소크라테스 그럼 여기에 하나의 선분이 있는데, 이 선분을 반으로 나누어 한쪽은 눈으로 보이는 영역으로, 다른 한쪽은 지성으로 알 수 있는 영역으로 표시해 보세. 그리고 상대적인 명확성과 불명확성에 따라 눈으로 보이는 영역도 두 가지로 나누어 보세. 그러면 한쪽에는 영상(상, 그림자)이, 다른 쪽에는 그 영상들이 닮아 보이는 것, 즉 우리 주위의 동·식물이나 인공물들이 있다고 볼 수 있어.

글라우콘 이해했습니다.

소크라테스 그렇다면 자네는 눈으로 볼 수 있는 세계가 진실성이 있고 없는 것에 따라 완전히 둘로 나눠진다는 견해에 동의하는가? 다시 말해 '의견의 대상인 것'과 '인식의 대상인 것'이 갖는 관계와, '닮은 것'과 그 '닮음의 대상이 된 것'의 관계가 같은 것이라고 할 수 있을 거야.

글라우콘   동의합니다.

소크라테스   그럼 이번에는 지성으로 알 수 있는 영역이 어떻게 나누어 지는지를 생각해 보세.

글라우콘   어떻게 나누어지나요?

소크라테스   한쪽은 앞서 '닮음의 대상이 된 것'들을 이번에는 혼이 영상 으로 취급하여 가정을 통해 원리로 나가는 것이 아니라, 결론을 이 끌어 내는 식으로 탐구해 나가는 것이네. 다른 한쪽은 가정에서 출 발하여 앞부분의 영상을 이용하지 않고 형상 자체를 이용해 그 형 상을 탐구하는 것이고.

글라우콘   무슨 말씀이신지 잘 이해할 수 없습니다.

소크라테스   그럼 다시 한번 이야기하지. 자네도 알다시피 기하학이나 수학과 같은 학문을 연구하는 사람들은 홀수와 짝수, 도형, 삼각 등에서 이것들과 동류(同類)인 것들을 기본으로 삼고, 이것들을 이 미 다 알고 있는 것으로 가정하지. 따라서 이것들은 모두에게 명백 한 것으로서 자신에게나 남에게나 더 이상 해명할 필요가 없는 것 이라고 생각하네. 그리하여 이것을 출발점으로 해서 그 위에 나머지 것들을 종합적으로 추구해 가면서 처음에 살펴보려고 했던 것들에 도달하는 거지.

글라우콘   물론 그거야 알고 있습니다.

소크라테스   그렇다면 다음과 같은 사실도 알 수 있지 않겠나? 즉, 그들은 눈에 보이는 도형을 추가로 이용하여 그 도형에 대해 논의하지만, 그들이 알려고 하는 것은 이 눈에 보이는 도형이 아니라 이 도형을 닮은 원형이라네. 다시 말해서 그들은 눈앞에 그려져 있는 사각형이나 대각선을 가지고 논증하는 것이 아니라, 사각형 자체 또는 대각선 자체를 가지고 논증하려고 하지. 이러한 이치는 다른 경우에도 마찬가지로, 그들이 실제로 보려고 하는 것들은 '추론적 사고'에 의해서만 볼 수 있는 것들이야.

글라우콘   옳은 말씀입니다.

소크라테스   나는 이런 원형에 대해 말하려고 하네. 그것을 탐구하자면 가설을 사용해야 해. 이 경우에 형상으로 비치는 그 당사자를 또 닮은꼴로 쓴다는 얘기지.

글라우콘   알겠습니다. 선생님께서는 기하학이나 이와 비슷한 학문에 대해 말씀하시려는 거지요?

소크라테스   그리고 지성으로 알 수 있는 영역 가운데 다른 한 부분은 다음과 같은 것이야. 이것은 '이성 자체'가 '변증술적 논변'의 힘으로 파악되는 것으로서, 이때의 이성은 가설들을 원리로서가 아니라

문자 그대로 가설로만 여기네. 즉, 모든 것의 원리(근원)로 나아가기 위한 발판이나 출발점이 된다네. 이것을 출발점으로 하여 이성 자체가 원리를 포착하면, 다시 이 원리에 의존하는 것들을 거치면서 결론 쪽으로 내려오지. 그런데 이때는 그 어떤 감각적인 것도 전혀 이용하지 않고 형상 자체만을 이용해서 형상에 이른다네.

글라우콘 이해는 하겠습니다만 충분하지는 못합니다. 그렇지만 '실재하며 지성으로 알 수 있는 것'을 파악하는 데 다른 학문보다도 '변증술적 논변'으로 살펴보는 것이 더 명확하다는 말은 이해할 수 있습니다. 다른 학문에서는 가정이 곧 원리고, 따라서 이런 학문 원칙을 갖고 '추론적 사고'를 하기는 하지만, 원리로 나아가지 않고 가정에서만 살펴보면, 결국 '지성으로 알 수 있는 것'에 대해서 지성을 사용하지 못하고 있다는 것이지요? 제가 보기에 선생님께서는 기하학자들이나 이와 비슷한 부류의 사람들이 갖고 있는 지적 상태를 '추론적 사고'라고 부르지, '지성'이라고 부를 것 같지는 않습니다. '추론적 사고'가 '의견'과 '지성' 사이에 있는 어떤 것이라고 말씀하시니 말입니다.

소크라테스 자네는 내 말 뜻을 충분히 이해했군. 또한 방금 말한 네 부분에 대응하는 네 가지 상태가 혼에 생긴다고 생각해 주게. 맨 위에는 '지성에 의한 앎(이해, 직관, 사유)'을, 둘째 것에는 '추론적 사고'를, 셋째 것에는 '신념(믿음, 확신)'을, 그리고 마지막 부분에는 '상상

(짐작)'을 할당하게나. 또한 이것들을 대상들의 진리에 관여하는 명확성에 비례하여 배열해 보게.[1]

글라우콘   알겠습니다. 선생님의 말씀에 동의하며, 말씀하시는 대로 배열해 보겠습니다.

---

[1] 지금까지 '좋음의 이데아'를 인식하기 위한 앎의 대상과 앎의 단계들을 선분에 비유하여 설명했다. 그 내용이 어렵기 때문에, 쉽게 이해할 수 있도록 도표로 정리해 보면 다음과 같다.

두 부류	눈에 보이는 것들 또는 의견의 대상이 되는 것들(영역)		사유되는(지성으로 알 수 있는) 것들 또는 인식되는 것들(영역)	
이들의 재분할 〈선분〉	영상들 (그림자)	실물들 (동식물 및 인공물)	수학적인 것들(영역) (도형, 홀수, 짝수)	이데아 또는 형상들
이들에 상응하는 주관의 상태들	상상(짐작)	신념(믿음, 확신)	추론적 사고	지성에 의한 앎 (이해, 직관, 사유)
앎의 성격	의견, 판단		지적 직관(이해)	

제 7 권

철인 통치자의 완성

'좋음 자체'를 본 다음에는 이것을 본보기로 삼고, 나머지 기간에 그들끼리 번갈아 가면서 국가와 시민들, 그리고 자신들을 통치하도록 만들어야 하네. 그들은 남은 삶의 대부분을 철학으로 소일하지만, 차례가 오면 국가 일로 수고를 하며 저마다 국가를 위한 통치자가 되지.

제 7 권

철인 통치자의 완성

제6권에서는 '태양의 비유'와 '선분의 비유'를 통해서 '좋음의 이데아'에 이르는 길을 설명했다. 이런 설명에 덧붙여 제7권에서는 '동굴의 비유'를 통해서 '좋음의 이데아'를 더욱 실감나게 설명한다. 즉, 동굴에서 평생 그림자만 쳐다보고 살아온 사람들의 모습을 통해 참된 인식 태도가 무엇인지를 보여 주는데, 동굴 안은 눈에 보이는 현상 세계를, 동굴 밖은 지성으로 알 수 있는 실재 세계를 가리킨다. 따라서 철학을 한다는 것은 동굴 밖의 세계, 즉 실재들을 인식하는 것인데, 이 인식에 이르기 위한 예비 교육의 단계와 내용들이 제시된다.

국가의 통치자들을 육성하기 위한 예비 교육이 끝난 다음에 변증술에 대한 집중적인 훈련을 거치게 된다. 변증술은 철인 통치자가 되기 위해서 훌륭한 젊은이들이 반드시 거쳐야 할 최종 학문이다. 이런 단련을 거친 다음에는 오랜 세월 동안 실제 경험을 쌓게 하고, 마지막으로 통치를 위한 본보기가 되도록 50세가 된 적격자들을 '좋음의 이데아'에 대한 인식의 길로 들어서게 한다. 이렇게 해서 철인 통치자의 양성이 완성되는 것이다.

동굴 속의 죄수들

소크라테스 그러면 다음으로 충분히 교육을 받은 사람과 그렇지 못한 사람의 성향을 다음과 같은 처지에 비유해 보세. 이를테면 지하의 한 동굴 입구에 불이 있고, 동굴 깊숙한 곳에 어릴 때부터 손발과 목이 묶인 채로 지내 온 죄수들이 있다고 하세. 그런데 이들은 묶여 있기 때문에 머리를 돌릴 수가 없어서 안쪽의 동굴 벽만을 쳐다볼 수 있는데, 그들 뒤쪽의 동굴 입구에서는 횃불이 타오르고 있네. 그리고 이 불빛과 죄수들 사이에는 하나의 담이 세워져 있어. 마치 인형극을 공연하는 사람들이 사람들 앞에 야트막한 휘장을 치고, 이 휘장 위로 인형들을 보여 주듯이 말이야.

글라우콘 상상해 보고 있습니다.

소크라테스 좀 더 상상해 보세. 담과 불빛 사이의 길을 따라 사람들이 온갖 물품과 돌이나 나무 등의 온갖 재료로 만든 인물상과 동물상들을 담 위로 높이 들고 지나가는 모습을 말이야. 그리고 지나가는 사람들 가운데 어떤 사람들은 소리를 내기도 하고, 어떤 사람들은 잠자코 있을 수도 있어.

글라우콘 이상한 비유와 이상한 죄수들을 말씀하시는군요.

소크라테스 바로 우리와 같은 사람들이 처한 상황이야. 죄수들은 반사된 불빛을 통해 동굴 벽면에 비친 그림자들을 쳐다보게 되지. 자네는 이들이 다른 것들을 볼 수 있다고 생각하나?

글라우콘   글쎄요, 그들이 강제로 일생 동안 머리조차 움직이지 못하도록 되어 있다면 어떻게 다른 것들을 볼 수 있겠습니까?

소크라테스   그러므로 만약 이들이 서로 대화를 할 수 있다면, 자신들이 벽면에서 보는 것들을 실물이라고 말하겠지?

글라우콘   그렇게 말할 것입니다.

소크라테스   그러면 이 감옥의 동굴 벽면에서 메아리가 울려 나온다면 어떨까? 지나가는 사람들 가운데 누군가가 소리를 낸다면, 죄수들은 지나가는 그림자가 소리를 낸다고 생각하겠지?

글라우콘   예.

소크라테스   그러니까 이런 사람들은 인위적으로 만들어진 그림자를 진짜라고 믿을 것이 틀림없어.

글라우콘   그렇겠네요.

소크라테스   그럼 이들을 풀어 주었을 때 어떤 사태가 벌어질지 생각해 볼까? 이들 가운데 누군가가 풀려나 일어서서 목을 돌리고 걸어가 그 횃불을 강제로 쳐다볼 경우에, 그는 횃불을 쳐다보는 것이 고통스러울 것이네. 또한 전에는 그림자로만 보던 실물을 눈이 부셔서 제대로 볼 수도 없을 거야. 만약에 누군가 이 사람에게 전에 본 것은 엉터리였고 이제야 진짜(실재)를 가까이서 바르게 보게 되었다고 한다면, 그리고 지나가는 것들을 가리키며 그것이 무엇인지를 묻는다면 그 사람은 무슨 말을 할까? 그는 어리둥절해 하며 앞서 그림자를 통해서 본 것들이 지금 보이는 것들보다 더 진짜 같다고 말하지 않을까?

글라우콘   그럴 것입니다.

소크라테스   그리고 만약 그에게 강제로 불빛을 보게 한다면, 그는 눈이 아파서 벽에 비친 그림자들을 보려고 달아날 것이며, 방금 보았던 진짜보다도 전에 본 그림자가 더 명확한 것이라고 믿지 않을까?

글라우콘   그렇게 믿겠지요.

소크라테스   그러나 만약 어떤 사람이 그를 험하고 가파른 오르막으로 억지로 끌고 올라가 햇빛이 있는 곳으로 끌어낸다면, 그는 괴로워하면서 화를 내지 않을까? 뿐만 아니라 그는 갑자기 햇빛을 보게 되어 눈이 부셔서 방금 진짜라고 들려준 것들 가운데 어느 것 하나도 제대로 볼 수 없을 거야.

글라우콘   당장에는 볼 수 없겠지요.

소크라테스   그러므로 그가 높은 곳에 있는 것들을 보려면 어느 정도 익숙해질 때까지 기다려야 해. 처음에는 그림자들을 제일 쉽게 볼 것이고, 그 다음으로는 물속에 비친 사람들이나 다른 것들의 상(象)을, 그리고 나중에는 실물들도 쉽게 볼 수 있을 거야. 또 더 나아가 밤에 별빛과 달빛을 봄으로써, 낮에 햇빛을 보는 것보다 더 쉽게 하늘에 있는 것들과 하늘 자체를 관찰하게 될 거야.

글라우콘   그럴 것입니다.

소크라테스　마지막으로는 그가 해를, 물속이나 다른 데 비치는 해의 모습이 아니라 제자리에 있는 그 자체를 바라보고, 그것이 어떤 성질의 것인지를 관찰할 수 있을 거야.

글라우콘　그럴 겁니다.

소크라테스　또한 그는 해에 대해서 이런 결론을 내리겠지. 계절과 세월을 가져다 주고, 보이는 영역의 모든 것을 다스리며, 어떤 면에서는 그를 포함한 동료들이 본 모든 것의 '원인이 되는 것'이라고 말이야.

글라우콘　그런 결론에 이를 것입니다.

소크라테스　어떨까? 이 사람이 자신의 최초의 거처와 그곳에서의 지혜, 그리고 그때의 동료 죄수들을 생각한다면 자신이 변한 것에 대해서는 스스로 행복하다고 생각하겠지만 동료 죄수들을 불쌍하게 여기지 않을까?

글라우콘　그렇겠지요.

소크라테스　만약 이 사람이 다시 동굴로 내려가 전과 같은 자리에 앉는다면, 갑작스럽게 햇빛이 없어져 그의 눈은 어둠으로 가득 차겠지?

글라우콘　그야 물론이죠.

소크라테스　그런데 만약 그가 줄곧 그곳에서 죄수 상태로 머물던 사람들과 그림자들을 판별하는 경합을 벌인다면, 어둠에 익숙해지는 데 시간이 걸리기 때문에 그는 웃음거리가 되겠지? 또한 다른 죄수들은 그가 위로 올라가더니 눈을 버리고 왔다면서, 올라가려고 애쓸 가치조차 없다고 하겠지? 그래서 자기들을 풀어 주고 위로 인도하려는 사람이 있으면, 어떻게든 자신들의 손으로 붙잡아서 죽이려 하지 않을까?

글라우콘　그럴 것입니다.

소크라테스　그러면 여보게 글라우콘! 이 모든 비유를 우리가 논의한 것들에 적용해 보세. 눈으로 볼 수 있는 곳을 동굴 감옥에 비유하고, 감옥의 불빛을 해의 힘에 비유할 수 있어. 그리고 한 죄수가 위로 올라가서 높은 곳에 있는 것들을 구경한 것을 '지성으로 알 수 있는 영역'을 향해 혼이 올라간 것으로 생각하세. 이렇게 볼 때 '인식'되는 영역에서 최종으로, 고심 끝에 보게 되는 것이 '좋음의 이데아'일세. 그리고 일단 이를 본 다음에는 이것이 모든 옳고 아름다운 것들의 원인이고, 또한 눈에 보이는 영역에서는 빛과 이 빛의 주인을 낳고, 지적 영역에서도 스스로 주인으로서 진리와 지성을 제공하는 것이라고 결론 내려야 해. 그리고 앞으로 사적으로나 공적으로나 슬기롭게 행동하고자 하는 사람은 이 이데아를 보아야만 할 것 같네.

글라우콘　저 역시 같은 생각입니다.

철인 통치자의 완성

✝ 소크라테스는 동굴의 비유를 통해서 한 국가의 통치자가 될 사람은 동굴 안의 현상 세계가 아닌 동굴 밖의 실재 세계를 볼 수 있는 사람이어야 한다고 주장한다. 다시 말해, '좋음의 이데아'를 인식할 수 있어야만 한다는 것이다. 그런데 이러한 인식에 이르는 길은 결코 쉽지 않다. 따라서 여기에서는 통치자들을 이러한 인식에 도달하게 하기 위한 교육과 훈련 단계들이 제시된다. 한 국가의 통치자가 되어야 할 사람들에게 필요한 예비 교육 단계로서 체육과 시가 교육에 이어 수학, 평면기하학, 입체기하학, 천문학, 화성학 등이 제시된다.

그리고 이것이 끝나면 변증술을 집중적으로 훈련하게 한다. 소크라테스에 따르면 진정한 철학은 변증술을 통해서만 수행될 수 있다. 따라서 변증술은 철인 통치자가 될 수 있는 훌륭한 자질을 갖춘 젊은이들이 반드시 거쳐야 할 최종 학문이다.

그러나 변증술에 대한 위험성도 빼놓지 않는다. 변증술은 어떤 것에 대한 설명, 즉 그 근거를 밝히는 합리적 설명을 요구하는 것이다. 이에 대한 요구가 일차적으로는 맹목적인 믿음이나 의견에 대한 반박으로 나타난다. 따라서 이것이 전통의 가치나 관습 또는 법에 대한 파괴적인 캐물음으로 일관되면, 자칫 그것들을 근본적으로 뒤흔들어 버릴 위험이 있다. 그러므로 참된 것을 인식하기에는 아직 준비가 덜 된 상태의 젊은이들에게 변증술은 오히려 위험천만한 것이다. 따라서 일정한 나이(30세)에 이르기까지 준비 과정을 거쳐 선발된 사람들에게만 집중적으로 이 훈련을 시켜야 한다.

글라우콘 　장차 지도자가 될 사람들에게 변증술 훈련을 어느 정도 시키는 게 좋습니까?

소크라테스   그다지 상관은 없는데 5년으로 정하도록 하지(31~35세까지 변증술의 훈련 기간). 왜냐하면 이 기간이 지나면 그들은 다시 저 동굴로 내려가야 하는데, 그들이 남들에게 뒤지지 않도록 경험을 쌓게 하려면 전쟁에 관련된 일들을 지휘하게 하거나, 젊은 사람들에게 맞는 관직을 강제로 맡겨야 하기 때문이야. 또한 이런 일들을 겪으면서 어떤 유혹에도 흔들리지 않고 꿋꿋이 버티는지, 아니면 흔들리는지를 시험받도록 해야만 해.

글라우콘   그럼 이 기간을 얼마 정도로 잡으면 될까요?

소크라테스   15년일세(36~50세까지 실무 교육 기간). 그들이 50세가 되면, 그들 가운데 시험을 이겨 내고 실무와 학문 모든 면에서 가장 두드러진 사람들을 최종 단계로 인도해야 해. 그래서 그들이 고개를 젖히고서 혼의 눈길로 모든 것에 빛을 제공하는 바로 그것으로 향하도록 만들어야 하네. 그리하여 '좋음 자체'를 본 다음에는 이것을 본보기로 삼고, 나머지 기간에 그들끼리 번갈아 가면서 국가와 시민들, 그리고 자신들을 통치하도록 만들어야 하네. 그들은 남은 삶의 대부분을 철학으로 소일하지만, 차례가 오면 국가 일로 수고를 하며 저마다 국가를 위한 통치자가 되지. 그런데 그들이 이 일을 하는 것은 이 일이 훌륭해서가 아니라 불가피한 일이기 때문이야. 그리고 자기들과 같은 또 다른 사람들을 교육해서 국가의 수호자로서 자기들을 대신할 사람들을 남긴 다음, '축복받은 자들의 섬'[1]으로 가서 살도록 해야만 해. 한편 국가는 이들을 위해 기념물을 만들고 공적으로 제물을 올리는 의식을 행하고, 만약 피티아(Pythia)[2]가 동의한다면 이들을 수호신들로 모시고, 그런 대답을 내리지 않는다면 복되고 신과도 같은 분들로 모시도록 해야만 할 거야.

글라우콘 소크라테스 선생님! 선생님께서는 마치 조각가처럼 훌륭한 통치자들을 완성해 내셨습니다.

소크라테스 그리고 글라우콘! 여성 통치자들도 완성해 냈어. 여태껏 내가 말한 것들이 여자와는 상관 없고 남자에게만 관련된 것이라고 생각하지 말게. 여자들 가운데도 자질을 충분히 지니고 태어난 이들이라면 말이야.

글라우콘 옳은 말씀입니다. 우리가 말한 대로 어쨌든 모든 것에 여자들도 남자들과 똑같이 참여한다면 말입니다.

소크라테스 그러면 어떤가? 국가에 관해서 우리가 한 말이 절대 소망의 차원이 아니라, 어렵기는 하지만 어떤 면에서는 실현 가능하다고 생각하지 않나? 그리고 지금껏 논의한 방식을 뺀 다른 방식으

---

1) 죽은 사람들 가운데 축복받은 자들(생전에 착한 일을 한 사람들)이 아무런 근심 걱정 없이 생전의 기쁨을 그대로 즐기며 사는 섬이다. 한마디로 죽은 뒤의 지상 낙원인 셈이다. 그리스 신화에 따르면, 이 섬은 지구의 서쪽 끝 태양이 지는 곳에 흐르는 오케아노스(Okeanos) 강에 있다고 한다.

2) 델포이(Delphoi)의 아폴론 신전에 있는 무녀를 피티아라고 한다. 이는 포키스(Phokis)에 있는 한 지방의 옛 이름이 피토(Pythō)였고, 이곳에 델포이 시가 있기 때문에 유래된 이름이다. 이 곳의 신전에 모셔진 아폴론 신을 특히 '피토의 아폴론'이라고 부른다.

로는 가능하지 않다는 데에 자네들은 동의하나? 다시 말해서 참으로 지혜를 사랑하는 사람들이 한 국가에서 최고 권력자가 되어, 현재의 명예는 저속하고 아무런 가치가 없는 것이라고 생각하여 경멸하고, 바른 것과 바른 것으로부터 생기는 명예는 최대한 존중해야 한다는 것에 대해서 말이야. 그리고 그들이 올바른 것을 가장 중대하고 없어서는 안 될 것으로 보고, 이를 받들고 널리 퍼지게 하여 자신들의 국가를 질서 있게 만들 때만이 최선의 국가가 가능하다는 것에 대해서 말이네.

글라우콘   어떻게 가능할까요?

소크라테스   이 국가에서 열 살이 넘은 사람들은 모두 시골로 보내, 아직 부모들의 관습에 젖지 않았을 때 한 곳에 수용하는 거야. 그리고 우리가 지금까지 이야기해 온 생활 방식과 법률에 따라 훈련을 하면 우리가 바라던 국가와 제도가 좀 더 빠르게 이루어질 수 있어. 그렇게 되면 국가 자체가 스스로 번영할 뿐 아니라, 그곳에서 태어난 국민들도 큰 혜택을 받게 될 걸세.

글라우콘   그게 정말 실현될 수 있다면 어떻게 해야 하는지도 선생님께서는 잘 말씀하신 것 같습니다.

소크라테스   그렇다면 우리는 이 국가와 이 국가를 닮은 사람에 대한 논의를 이미 충분히 한 것이지? 우리가 이 국가를 닮은 사람이 어떤 사람이어야 한다고 말할지는 분명하니까 말이야.

글라우콘   분명합니다. 제가 생각하기엔 선생님께서 물으신 것과 관
련해서도 끝맺음이 잘 된 것 같습니다.

타락한 국가와 혼

생성된 모든 것에는 쇠퇴 또는 파멸 과정이 있듯이, 우리가 수립한 최선의 국가도 영원히 지속되지는 못하지. 이들은 선대의 지위를 물려받지만, 그들이 아버지들의 권력을 이어받으면 시가와 체육에 무관심해지고, 수호자의 구실을 제대로 못하게 되지.

제8권

타락한 국가와 혼

제4권의 끝과 제5권의 첫 부분에서, 여러 가지 국가 유형과 이것들을 닮은 혼의 유형에 관한 이야기를 다루려다가 중단하고, 실제로 제8권과 제9권에서 이러한 이야기들을 다룬다.

소크라테스에 따르면, 국가의 유형과 그를 닮은 혼의 유형은 총 다섯 가지다. 그 가운데 최선자 정체(철인 통치 체제)에 관해서는 이제까지 이야기했으므로, 지금부터는 최선자 정체가 타락하여 나타나는 잘못된 네 가지 유형의 국가와 인간을 다루기로 한다. 명예 정체와 그것을 닮은 인간, 과두 정체와 그것을 닮은 인간, 민주 정체와 그것을 닮은 인간, 그리고 참주 정체가 그것이다(참주 정체를 닮은 인간에 대한 논의는 제9권에 나온다).

우선 최선자 정체가 타락하면 명예 정체가 되는데, 훌륭한 자질을 가진 사람들이 출산에 실패하여 통치자들 속에 서로 다른 자질들이 섞이면서 나타난다. 여기에서는 이성적인 것보다 격정적인 것이 우세하여 승리와 명예, 재산 축적에 대한 욕구가 강하게 나타난다. 이어서 과두 정체가 나타나는데, 이 정체에서는 끝없이 재산을 모으는 부류와 가난한 부류가 서로 대립한다.

이런 대립 상태에서 가난한 사람들이 이기면 민주 정체가 탄생한다. 이 정체에서는 '멋대로 할 수 있는 자유'가 보장된다. 그러나 자유에 대한 만족할 줄 모르는 욕망과 다른 것에 대한 무관심이 민주 정체를 몰락시키고 참주 정체를 탄생시킨다. 참주는 개인의 야망을 달성하기 위해 민중을 교묘하게 이용하고 착취하며, 끝내는 자기를 키워 준 민중을 살해하는 살해자가 된다.

명예 정체와 명예 정체적 인간

소크라테스 여보게 글라우콘! 이제 우리는 완벽한 국가의 형성과 통치자 선발, 그들의 교육에 대하여 합의를 보았네. 이 문제는 마무리되었으니 우리가 어디서부터 원래의 논의에서 벗어나 여기까지 이르게 되었는지 생각해 보고, 다시 길을 가도록 하지.

글라우콘 제가 기억하기로는 완벽한 국가 외에 결함 있는 국가로서 살펴볼 수 있는 것이 네 가지가 있고, 그것들을 닮은 사람들도 네 가지 부류가 있다고 말씀하셨습니다. 그리고 우리가 그런 잘못된 국가를 살펴보는 것은 가장 훌륭한 사람과 가장 나쁜 사람이 어떤 사람인지와, 가장 훌륭한 사람은 가장 행복하지만 가장 나쁜 사람은 가장 비참하다는 점을 알아보기 위해서라고 말씀하셨습니다.

소크라테스 자네 아주 정확하게 기억하고 있군.

글라우콘 그렇다면 그 네 가지 국가의 종류에는 어떤 것이 있습니까?

소크라테스 명예 정체, 과두 정체, 민주 정체가 있으며, 마지막으로 참주 정체가 있네. 우리가 앞서 그렸던 최선자 정체까지 합하면 이 세상에는 모두 다섯 가지의 정체가 있고, 그에 따른 개인들의 혼도 다섯 가지 상태가 있어. 그런데 우리가 최선자 정체와 그것을 닮은 올바른 사람의 혼에 대해서는 앞에서 이미 말했으니, 거기에 미치지 못하는 네 가지 정체와 네 부류의 사람을 살펴보세.

글라우콘 그런 식으로 논의하는 것이 합리적이겠네요.

소크라테스 먼저 명예 정체가 최선자 정체에서 어떻게 생겨나는지를 살펴보세. 정체가 바뀌는 것은 관직을 장악하고 있는 집단 자체에서 비롯되는 것이고, 이는 그 집단 안에서 내분이 생긴 것이라고 할 수 있겠지?

글라우콘 그렇습니다.

소크라테스 그렇다면 글라우콘! 우리가 그렸던 국가의 통치자들과 보조자들이 어떻게 분쟁을 하게 되었을까? 생성된 모든 것에는 쇠퇴 또는 파멸 과정이 있듯이, 우리가 수립한 최선의 국가도 영원히 지속되지는 못하지.

먼저 남녀 통치자들의 잘못된 동침으로 훌륭한 사람과 함께 그렇지 못한 사람도 태어나게 돼. 즉, 그들의 성향에는 금·은·구리·쇠가 섞여 있다고 볼 수 있어. 이들 가운데 좀 더 나은 아이들은 선대의 지위를 물려받지만, 그들이 아버지들의 권력을 이어받으면 시가와 체육에 무관심해지고, 수호자의 구실을 제대로 못하게 되지. 그리고 그들은 성향이 이질적이기 때문에 서로 분쟁을 일으켜 두 편으로 갈라진다네.

그들 가운데 구리·쇠의 성향을 가진 사람들은 돈과 집, 금과 은을 소유하는 쪽으로 국가를 이끌고, 금·은의 성향을 가진 사람들은 사람의 훌륭함과 최선자 정체 쪽으로 국가를 이끌려고 해.

그러나 이들은 서로 격렬하게 다투며 싸우다가 중간선에서 합의를 보게 되지. 그래서 그들은 땅과 집을 분배하여 사유화하고, 그들의 보호를 받던 자유민을 노예로 만들어 버린다네. 결국 그들 자신이 이 노예들을 상대로 한 전쟁과 수호에 골몰하게 되지. 이렇게 본다면 이 정체는 최선자 정체와 과두 정체의 중간에 있다고 볼 수 있어.

글라우콘   그렇겠네요.

소크라테스   따라서 이 정체는 어떤 면에서는 최선자 정체를 흉내 내기도 하지만, 또 다른 면에서는 과두 정체를 흉내 내기도 해. 예를 들어 통치자들을 존중하고, 전사들이 공동으로 식사하고 훈련하는 점에서는 최선자 정체의 모습을 볼 수 있어. 그렇지만 이 정체는 지혜로운 사람들을 관직에 앉히길 두려워하지. 왜냐하면 이 정체의 사람들은 성향상 평화보다는 전쟁을 좋아하고 격정적이기 때문이야.

다른 한편, 이 정체의 사람들은 과두 정체의 사람들이 그러듯이, 재물에 욕심을 내며 비밀스럽게 금과 은을 우러러 모시고 낭비하지. 그래서 이들은 인색하며 자기 것보다는 남의 재물 쓰기를 좋아하네.

글라우콘   선생님께서는 나쁜 것과 좋은 것이 혼합된 정체를 말씀하시는 거군요.

소크라테스   그렇지. 그러나 격정적인 것이 더 강한 탓에, 이 정체에서는 승리와 명예에 대한 사랑만이 가장 뚜렷이 나타난다네.

글라우콘　　그러면 이러한 정체와 일치하는 사람은 누구입니까?

소크라테스　그는 고집스럽고, 노예들에게는 가혹하나 자유민들에게는 상냥하고, 통치자들에게는 지극히 순종적이야. 그는 또한 통치하기를 좋아하고 명예를 사랑하지. 젊어서는 재물을 경멸하지만, 나이를 먹을수록 재물을 좋아하는 성향으로 바뀌지. 최선의 수호자가 되기에는 부족한 사람일세.

아데이만토스　그러면 그런 사람이 어떻게 해서 생겨납니까?

소크라테스　어떤 젊은이에게 훌륭한 아버지가 있다고 하세. 그 아버지는 명예와 관직, 재판에 참견하지 않고, 재물에도 관심이 없는 사람이야. 그런 아버지에 대해서 어머니와 집안의 노예들은 불평을 하고, 아들에게는 그렇게 살지 말라고들 하지. 이렇게 되면 그 아버지는 아들의 혼에서 이성적인 부분을 키워 주겠지만, 다른 사람들은 욕구적인 부분과 격정적인 부분을 키워 주지. 그 젊은이는 천성이 나쁜 사람은 아니지만, 나쁜 사람들과 교제함으로써 자기 혼의 주도권을 중간에, 즉 이기기를 좋아하며 격정적인 부분에 넘겨 주고, 결국 명예 정체적인 청년이 되는 거야.

아데이만토스　그런 사람이 태어나는 까닭을 정확하게 말씀해 주신 것 같습니다.

과두 정체와 과두 정체적 인간

아데이만토스 그러면 명예 정체에서 과두 정체로는 어떻게 옮겨 가는 건가요?

소크라테스 황금으로 가득 찬 각자의 금고가 명예 정체를 무너뜨리지. 사람들은 서로 경쟁하면서 돈을 벌려고 하고, 그럴수록 그들의 훌륭함은 줄어들게 되어 있어. 부와 부자들이 귀하게 대접받고, 훌륭함과 훌륭한 사람들은 제대로 대접받지 못하지.

아데이만토스 그렇습니다.

소크라테스 그리하여 그들은 승리와 명예를 사랑하는 사람에서 마침내 돈과 돈벌이를 좋아하는 사람으로 바뀌게 돼.

아데이만토스 그렇겠네요.

소크라테스 따라서 그들은 재산의 액수를 기준으로 하여 과두 정체의 법을 정하고, 재산이 기준보다 적은 사람은 관직에 참여하지 못하게 하지.

아데이만토스 그러면 이 정체가 갖고 있는 특성과 결함에는 어떤 것들이 있나요?

소크라테스 가령 어떤 사람이 선박의 항해사를 뽑으면서 재산을 기준으로 삼는다면, 아무리 항해술이 뛰어나도 가난한 사람에게는 배를 맡기려 하지 않겠지?

아데이만토스 그들은 형편없는 항해를 할 것입니다.

소크라테스 　국가의 통치도 마찬가지겠지?

아데이만토스 　그렇습니다.

소크라테스 　또한 이 국가는 가난한 사람들과 돈 많은 사람들 두 부류가 함께 살면서, 서로에 대해 음모를 꾸미는 국가가 될 거야.

아데이만토스 　그럴 것입니다.

소크라테스 　어쩌면 그들은 어떤 전쟁도 할 수 없을 걸세. 다른 국가와 전쟁을 하려면 대중을 이용해야 하는데, 그들은 무장한 대중을 적보다 더 두려워하고, 또한 재물을 좋아하여 돈을 기부하려고 하지도 않기 때문이야. 이렇게 되고 보니 자신의 소유물을 팔고 사는 것이 허용되고, 그에 따라 어떤 사람들은 지나치게 부자가 되는 반면, 어떤 사람들은 거지가 되어 버리지. 그런데 아데이만토스! 신은 모든 날개 달린 수벌을 침이 없도록 만들었지만, 날 수 없는 것들은 무서운 침을 갖도록 만들지 않았는가? 그리고 침이 없는 것들은 늘그막에 거지가 되고 말지만, 침을 가진 것들은 도둑과 소매치기, 신전 절도범과 같은 종류의 나쁜 짓을 하는 사람들이 된다네.

아데이만토스 　맞습니다.

소크라테스 　결국 그와 같은 사람들이 생기는 까닭은 교육 부족과 잘못된 양육, 그리고 나쁜 정체 때문이라고 할 수 있어.

아데이만토스 　그렇습니다.

소크라테스 이제 사람이 명예 정체적 인간에서 과두 정체적 인간으로 바뀌는 과정을 살펴보아야 하네.

아데이만토스 그렇게 하지요.

소크라테스 명예 정체적인 아들로 태어난 사람은 처음에는 아버지한테 지지 않으려고 애를 쓰며 그 발자국을 따라 가지. 그러다가 아버지가 억울하게 고소를 당해 소송에 휘말려 사형이나 추방, 또는 시민권 박탈이나 재산을 몰수당하는 것을 목격했다고 하세. 그것을 본 아들은 겁을 먹고 명예에 대한 사랑과 격정적 부분을 자신의 혼에서 곧바로 없애 버릴 것이라고 나는 생각하네. 또는 가난한 나머지 탐욕스러운 돈벌이꾼으로 전락하고, 조금씩 절약하면서 재물을 모으게 될 걸세. 이런 사람은 욕구적이고 재물을 좋아하는 부분을 자기 혼의 왕으로 앉혀 놓게 되지.

아데이만토스 그럴 것 같습니다.

소크라테스 그는 이성적인 부분과 격정적인 부분을 욕구적인 부분 아래 무릎 꿇게 하고 노예 노릇을 시키면서, 재물을 모으는 데 도움이 되는 것 외에는 어떤 것도 자랑거리로 여기지 못하게 하지.

아데이만토스 명예를 사랑하는 젊은이가 재물을 사랑하는 젊은이로 순식간에 바뀌었군요.

민주 정체와 민주 정체적 인간

소크라테스 이제 민주 정체를 생각해 볼 때가 되었네. 과두 정체에서 민주 정체로 바뀌는 것은, 최대한 부자가 되고자 하는 '만족할 줄 모르는 욕망' 때문일세.

아데이만토스 그건 어째서죠?

소크라테스 과두 정체의 통치자들은 많은 것을 소유했기 때문에, 젊은 이들이 재물을 낭비하거나 탕진하는 것을 막으려 하지 않을 거야. 통치자들은 이런 사람들의 재산을 사들이고 돈놀이를 해서 한층 더 부자가 되고 존경을 받게 되지.

아데이만토스 그들은 그런 짓을 할 겁니다.

소크라테스 과두 정체에서는 무절제를 막지 않고 오히려 그걸 부추김으로써 부자들을 가난한 사람으로 만들지.

아데이만토스 그렇겠군요.

소크라테스 이들은 침도 지니고 무장도 갖춘 상태로 이 국가에서 놀고 먹지. 그러나 이들 가운데는 빚진 사람이나 시민권을 박탈당한 사람도 있어서, 자신들의 것을 빼앗아 간 사람들을 미워하고 혁명을 일으키려고 할 거야.

아데이만토스 그럴 것입니다.

소크라테스 그러나 돈벌이만을 일삼는 사람들은 이들을 본 체도 하지 않으며, 계속해서 이 나라에 수벌과 거지가 많이 생기게 하지.

아데이만토스 맞습니다.

소크라테스 또한 통치자의 자식들은 호사스럽게 살며 수고하려 하지 않고, 쾌락과 고통에 쉽게 빠지며 나약하고 게을러질 걸세.

아데이만토스 물론입니다.

소크라테스 통치를 하는 사람들과 받는 사람들이 이런 상태라면, 이 국가에는 내분이 생기고 내란이 일어나게 되지. 이때 가난한 사람들이 이겨서 다른 편 사람들을 죽이거나 추방한 다음, 시민들에게 평등하게 시민권과 관직을 배정하고, 관직들을 대부분 추첨으로 할당할 때 민주 정체가 생기는 거야.

아데이만토스 실제로 민주 정체는 그렇게 이루어지죠.

소크라테스 그렇다면 이런 민주 정체인 국가는 어떤 국가일까? 먼저 사람들은 언론의 자유를 누리며, 자기가 하고자 하는 바를 '멋대로 할 수 있는 자유'를 누리게 될 거야. 그런데 '멋대로 할 수 있는 자유'를 누린다는 것은 자기 마음대로 자신의 삶의 대책을 마련한다는 것이고, 이에 따라 이 정체에서는 온갖 부류의 사람들이 생겨날 거야.

아데이만토스 그럴 것입니다.

소크라테스 이 국가에서는 통치를 해야 한다거나 통치를 받아야 한다는 등의 어떤 강요도 하지 않으며, 전쟁을 해야 한다거나 평화롭게 지내야 한다는 것에 대해서도 강요하지 않지. 자네가 관리나 배심원을 하고 싶다면, 그걸 못하게 하는 강제 규약도 없어. 이와 같이 지내는 것이 당장에는 놀랍고 신나는 일이겠지?

아데이만토스 당장에는 그럴 것입니다.

소크라테스 그리고 이 정체에서는 아무도 신경 쓰지 않기 때문에 사형이나 추방형의 선고를 받고서도 공공연히 돌아다닐 수 있어.

아데이만토스 그런 걸 목격한 적이 있습니다.

소크라테스 이 국가에서는 우리가 국가를 수립하면서 강조했던 통치자들의 훌륭함이나 지혜에는 전혀 관심이 없고, 통치자가 대중에게 호의를 갖고 있다고 말하기만 하면, 이를 아주 높이 평가하지.

아데이만토스 아주 독특한 정체군요.

소크라테스 그러니까 민주 정체는 무정부 상태의 다채로운 정체이며, 평등한 사람들이나 평등하지 않은 사람들에게도 일종의 '평등'을 배분해 주는 정체인 거야.

아데이만토스 선생님께서 말씀하신 것은 아주 잘 알려진 내용입니다.

소크라테스 그럼 과두 정체적인 사람에서 민주 정체적인 사람으로 어떻게 바뀌는지 살펴보세. 교육도 받지 못하고 가난한 환경에서 자란 젊은이가 수벌의 꿀(달콤하다는 것의 은유)을 맛보고 온갖 종류의 쾌락과 어울릴 때, 이 젊은이의 내면에서는 과두 정체에서 민주 정체로 변화가 시작된 거겠지?

아데이만토스 그렇습니다.

소크라테스 만일 이 젊은이의 내면에 있는 과두 정체적인 쪽이 어떤 동맹 세력이나 그 반대 세력의 지원을 받으면, 그땐 이 사람 안에서 반란과 역반란, 그리고 자기 자신을 상대로 한 싸움이 일어날 거야.

아데이만토스 물론입니다.

소크라테스 때로는 민주 정체적인 쪽이 과두 정체적인 쪽에 굴복해 욕구들 가운데 일부가 소멸되거나 쫓겨나고, 이 젊은이의 혼 안에 일종의 부끄러움이 생기면서 질서가 잡히기도 해. 하지만 쫓겨난 욕구들과 비슷한 다른 욕구들이 다시 자라나 많아지고 강력해질 거야. 그리고 이러한 욕구들은 은밀하게 어울림으로써 그 수를 늘리지.

아데이만토스 그렇겠네요.

소크라테스 그리하여 마침내는 청년의 혼에 훌륭한 학문과 활동, 그리고 진실한 말들이 텅 비어 있음을 알고서, 이 욕구들이 청년의 혼을 점령해 버리지. 그리고 허풍치는 말과 의견들이 뛰어 올라가서 진실한 말들이 있었던 청년의 그 자리를 차지해 버릴 것이네.

아데이만토스 그럴 것입니다.

소크라테스 이렇게 청년을 지배한 욕구는 오만 무례함을 교양으로, 무정부 상태를 자유로, 낭비를 도량으로, 부끄러움을 모르는 상태를 용기라고 부르면서 청년을 자유방임 쪽으로 이끌고 갈 거야.

아데이만토스 그런 식으로 할 것이 분명합니다.

소크라테스 그렇게 변해 버린 사람은 날마다 마주치는 욕구와 영합하면서 살아가지. 그런가 하면 게으름을 피우며 만사에 무관심해지는 때도 있고, 때로는 철학에 몰두하기도 하지. 또한 정치에 관여할 때는 벌떡 일어나서 생각나는 대로 말하고 행동하기도 해. 그리고 전쟁에 숙달한 사람들이 부러우면 그쪽으로 이동하고, 돈 버는 사람들이 부러우면 이번에는 그쪽으로 이동하지. 그의 삶에는 아무런 질서도 필연성도 없지만, 그는 이 삶을 즐겁고 자유로우며 축복받은 것이라 부르며 평생토록 그렇게 살아가네.

아데이만토스 선생님께서는 평등한 권리를 누리는 사람의 삶을 정확하게 말씀하셨습니다.

참주 정체와 참주의 탄생

소크라테스 이제 우리가 마지막으로 살펴봐야 할 것은 참주 정체와 참주 정체적인 인간에 대한 걸세.

아데이만토스 그렇습니다.

소크라테스 여보게, 과두 정체에서 민주 정체가 생기는 것처럼 민주 정체에서 참주 정체가 생기겠지?

아데이만토스 어떻게 말입니까?

소크라테스 부에 대한 만족할 줄 모르는 욕망과 돈벌이, 다른 것들에 대한 무관심이 과두 정체를 파멸시키지. 이와 마찬가지로 자유에 대한 만족할 줄 모르는 욕망과 다른 것에 대한 무관심이 민주 정체를 파멸시킨다고 할 수 있어.

아데이만토스 그렇군요.

소크라테스 자유를 갈망하는 민주 정체가 자유의 포도주를 필요 이상으로 마셔서 취하면, 통치자들이 아주 유순해져서 많은 자유를 제공하지 않으면 더러운 과두 정체적인 사람들이라고 비난을 받게 된다네. 그런가 하면 통치자들에게 순종하는 사람들을 스스로 노예가 되고자 하는 사람들이라고 비난하며, 피통치자와 같은 통치자들과 통치자 같은 피통치자들을 칭찬하며 존중하지. 그러니 이런 국가에서 자유가 전면적으로 확장되는 건 필연이야.

아데이만토스 그렇습니다.

소크라테스 그리고 자유가 개개인의 가정에까지 스며들다가, 마침내는 무정부 상태가 짐승들에게까지 미치게 될 거야.

아데이만토스 무슨 말씀입니까?

소크라테스 이를테면 아버지가 자식과 같아지고 아들을 두려워하도록 버릇들이는 한편, 아들은 아버지와 같아지고 부모 앞에서도 부끄러워하지 않거나 두려워하지 않게 버릇들이는 것을 보고 하는 말이야. 또한 선생이 학생들을 무서워하며 이들에게 아첨하고, 학생들은 선생을 무시하며 자신들의 교육을 돌봐 주는 사람에 대해서도 그렇게 하지. 또한 전반적으로 젊은이들은 연장자들을 흉내 내며 말로써 이들을 맞상대하고, 반면에 노인들은 젊은이들에게 채신없이 구는 지경이 되네. 불쾌하고 권위적이라고 여겨지는 일이 없도록 하기 위해 젊은이들을 흉내 내고 있으니 말이야.

아데이만토스 그렇게들 하고 있습니다.

소크라테스 여보게, 이런 국가에서 생길 수 있는 극단적인 대중의 자유는 남녀 노예들이 주인 못지않게 자유로운 경우야. 그리고 기르는 짐승들의 처지가 다른 어느 정체에서보다도 이 정체에서 얼마나 자유로운지는 체험해 보지 못한 사람은 이해할 수 없어. 개들도 속담에 있는 대로 그들의 안주인이 되고, 말들과 당나귀들도 아주 자유롭고 당당하게 길을 가는 버릇이 들어서 길에서 만난 사람이 비켜서지 않으면 그를 들이받아. 이런 식으로 그 밖의 모든 것에도 자유가 넘치지.

아데이만토스 저도 시골로 가는 길에 그런 일을 종종 겪곤 합니다.

소크라테스 모든 걸 요약해 보건대, 이 정체의 시민들은 누가 어떤 형태의 굴종을 요구해도 못마땅해하며 참지 못하네. 마침내는 시민들이 법률을 우습게 보게 되는데, 이는 그 누구도 어떤 식으로든 자신의 주인이 되지 못하게 하기 위해서지. 그리고 이것이 참주 정체가 자라나는 시작이라고 할 수 있어.

아데이만토스 그 다음은 어떻게 진행됩니까?

소크라테스 개인이나 국가에 있어서 지나친 자유는 지나친 예속으로 바뀌게 되어 있어. 따라서 극단적인 민주 정체는 참주 정체를 불러 오게 되네.

아데이만토스 맞는 말씀입니다.

소크라테스 그러면 어떻게 민주 정체가 파멸의 길을 갈까? 민주 정체가 발전하다 보면 세 부류의 사람들이 생기네. 첫 번째는 멋대로 할 수 있는 자유를 가진 민주 정체의 가장 앞서는 부류고(수벌에 비유됨), 두 번째는 부자들로서 돈벌이에만 관심을 두는 부류야. 수벌들이 가장 많은 꿀을 쉽게 얻을 수 있는 것은 이들에게서지. 이런 부자들은 수벌들의 먹이라고 할 수 있어. 세 번째는 민중인데, 이들은 손수 일을 하고 정치에는 관여하지 않으며, 재산도 그다지 많지 않은 사람들이야. 이들이 집회라도 갖게 되면 민주 정체에서는 이들이 최대 다수며 주도권을 갖는 부류가 되네.

✢ 여기에서는 민주 정체의 세 부류들이 어떤 갈등과 분열을 거쳐 마침내 참주가 나타나고, 그 참주가 어떤 행동을 하는가를 그리고 있다. 먼저 수벌(통치자)들은 부자들의 꿀을 미끼로 민중을 자기편으로 만들고 부자들을 공격한다. 부자들은 자신들의 생명과 재산을 보호하기 위해 과두적인 성향을 보이며 반발한다. 수벌들은 이들의 재산을 빼앗기 위해 민중한테 재산 분배의 기대를 갖게 하며, 막강한 세력을 규합하여 스스로 민중의 지도자로 군림한다. 마침내 내란이 일어나고, 민중의 지도자인 자신도 쫓겨나거나

암살당할 위험이 있다는 것을 구실로 민중들을 선동하여, 호위대로 하여금 자신을 경호하게 한다. 이렇게 해서 마침내 참주가 탄생한다.

참주가 된 자는 처음 얼마 동안은 갖가지 선정(善政)을 베풀지만, 일단 자신의 지위를 확보하면 지위를 오래 보전하기 위해 갖가지 궁리를 한다. 그는 끊임없이 전쟁을 일으켜 민중에게 지도자의 필요성을 느끼게 하고, 또한 시민들에게 전쟁 비용을 충당하게 만들어 가난에서 벗어나지 못하게 한다. 이는 오로지 생계에만 골몰하여 지도자에게 반기를 들 엄두를 내지 못하게 하기 위해서다. 아울러 지도자에게 반감을 갖거나 음모를 꾸밀 만한 사람들을 끊임없이 색출하여 숙청한다. 결국 그는 민중의 미움을 사게 되고, 자신을 지키려고 맹목적으로 충성하는 호위대를 늘려 간다. 심지어는 외국인 용병까지 호위대로 만든다. 이 호위대를 유지하기 위해 처음에는 국고와 부자들에게 빼앗은 재산을 사용하지만, 끝내는 민중을 착취한다. 이리하여 참주는 자기를 키워 준 민중을 살해하는 살해자가 된다.

마음속의 이상 국가

원하는 사람의 눈에는 그 국가가 보이네. 그 국가를 보면서 그 안에서 살 수 있지. 그 국가가 실제로 존재하느냐, 또는 앞으로 존재할 것이냐 하는 것은 문제가 되지 않네. 그는 그 국가의 풍습에 따라 살아갈 뿐이며, 그 밖의 것을 본받으려고 하지 않으니까.

마음속의 이상 국가

제8권에 이어 참주 정체적 인간에 대한 논의가 전개된다. 참주 정체적 인간은 우리의 이성적 요소가 잠자는 동안 나타나며, 욕구가 혼을 지배하게 될 때 탄생한다. 그런 사람은 애욕과 술에 취해 있고, 미친 상태다. 그는 끊임없이 새로운 욕구를 충족시키기 위해서 자신의 재산을 탕진한 다음, 부모의 재산을 빼앗고 도둑질과 온갖 범죄를 저지른다. 그는 도무지 신뢰할 수 없는 사람이며, 가장 올바르지 못하고 가장 나쁜 사람이다. 이렇게 가장 나쁜 사람, 즉 참주 정체적 인간은 가장 비참한 삶을 산다.

소크라테스는 참주 정체적 인간이 가장 비참하고 불행하다는 결론을 내린 다음, 처음 논의의 핵심이었던 '올바르지 못한 짓을 저지르는 것이 이익이 된다.'는 문제로 되돌아간다. 이를 위해 이성적인 부분, 격정적인 부분, 욕구적인 부분이 함께 혼합된 하나의 형상을 만들어 본다. 그런데 소크라테스에 따르면, 올바르지 못함이 이익이 된다고 주장하는 사람은 격정과 욕구 부분이 이성적 부분을 압도하는 것이 좋다고 주장하는 것과 같은 것이다. 소크라테스는 이런 주장을 억지 주장이라고 여긴다. 인간의 혼에 있는 성스러운 요소가 그것보다 못한 것들에 굴복당하는 것이 어떻게 이익이 된단 말인가? 그렇게 되는 사람은 더욱 사악해질 뿐이다.

결국 이성적인 부분이 욕구적인 부분을 압도하고, 절제와 지혜를 갖춘 사람이 올바름을 갖게 되며, 그런 사람의 삶이 행복하다는 결론이 내려진다. 그리고 그런 사람은 현실이 아닌 이상 속에 존재하는 올바른 국가를 꿈꾸며 살아간다.

가장 사악하고 비참한 사람, 참주

소크라테스 이제 남은 것은 참주 정체적인 사람이 어떻게 민주 정체적인 사람에게서 나오며, 참주 정체적인 사람은 어떤 사람이고 어떤 상태로 살아갈 것인지를 생각해 보는 것일세.

아데이만토스 그렇습니다.

소크라테스 민주 정체적인 사람이 어떤 사람이라고 우리가 말했었지? 그는 어려서부터 오직 돈벌이만을 신경 쓰는 인색한 아버지에 의해 양육된 사람이야. 그러나 그가 다른 욕구들과 어울리면서 갖가지 오만 무례한 행동을 하게 되는데, 이것은 아버지의 인색함에 대한 미움 때문일세. 그러나 그는 자기를 타락시킨 사람들보다는 나은 성향을 지니고 있어서, 양쪽으로 이끌리다가 양쪽 기질의 중간에 자리를 잡게 되지. 그러고는 자기가 생각한 대로 그 각각을 적절하게 즐기며 부자유한 삶도 불법적인 삶도 살지 않으니, 과두 정체적인 사람에게서 민주적인 사람이 나온 것이야. 그러면 이런 사람이 어느새 나이를 먹고, 이 사람의 품행을 보고 자라난 젊은 아들을 상상해 보세.

아데이만토스 상상해 보겠습니다.

소크라테스 아버지와 그의 친척들은 그 중간 상태의 욕구들을 지원해 주는 반면, 다른 사람들은 완전한 자유라 불리는 불법으로 그를 인도하지. 그렇게 되면 그는 무제한의 즐거움을 맛보게 되고, 그의 혼을 선도하는 부분은 광기의 경호를 받으며 날뛴다네. 그리고 자기 안에서 유익하고 아직도 부끄러움을 느끼는 의견(판단)이 발견되면, 이것들을 죽이거나 내쫓아 버리네. 그리고 밖에서 들여온 광기로 그의 혼을 가득 채울 거야.

아데이만토스 선생님께서는 참주적 인간의 탄생을 완벽하게 말씀하셨습니다.

✤ 이렇게 형성된 참주 정체적 인간의 생활이 거론된다. 그는 애욕과 술에 취해 미친 상태나 다름없다. 그는 끊임없이 새로운 욕구를 충족시키기 위해 자신의 재산을 탕진한 다음, 부모의 재산까지 빼앗고 도둑질과 온갖 범죄를 저지른다.

소크라테스 그러면 이 참주는 통치를 하기 전에는 이런 유형의 사람이 아니었을까? 이들이 사귀는 사람들은 아첨꾼들로서, 자신들에게 필요한 것이 있을 때는 스스로 엎드려 온갖 아부를 다하지만, 일단 필요한 것을 얻고 나면 남이 되어 버리는 자들이야. 그러니까 온 생애를 통해서 누구와도 친구가 되지 못하고, 언제나 어떤 사람의 주인 노릇을 하거나 다른 사람의 노예 노릇을 하면서 살아가기 때문에, 참주적 성향은 자유도 참된 우정도 영원토록 얻지 못하네. 이런 참주적 성향의 사람들을 '믿지 못하는 사람들'이라고 부를 수 있겠지?

아데이만토스 　그렇게 부를 수 있습니다.

소크라테스 　그러면 이들은 최대한으로 올바르지 못한 사람들이야. 앞서 올바름이 어떤 것인지에 대해서 우리가 합의한 것이 옳다면 말일세.

아데이만토스 　우리가 합의한 건 옳습니다.

소크라테스 　가장 나쁜 사람은 어떤 사람일까? 그는 아마도 우리가 꿈속에서나 그럴 수 있다고 생각하는 그런 사람일 거야.

아데이만토스 　물론입니다.

소크라테스 　참주적인 성향의 사람은 참주 체제에서 오래 살수록, 그만큼 더 그런 사람이 될 거야.

글라우콘 　그럴 것입니다.

소크라테스 　그러면 가장 사악한 사람이 또한 가장 비참한 사람이겠지? 그리고 오래도록 으뜸으로 참주 노릇을 한 사람이 으뜸으로 비참한 사람이 되겠지?

글라우콘 　그렇게 되겠지요.

소크라테스 　그리고 이러한 결론은 국가에 대한 평가에도 그대로 적용되겠지?

글라우콘 　그렇습니다. 이 세상에서 참주 정체의 국가보다 더 비참한 국가는 없으며, 왕도 정체(王道政體, 최선자 정체에서 최선자가 한 사람인 경우의 정체를 가리킨다)보다 더 행복한 국가는 없습니다.

소크라테스 　글라우콘! 그렇다면 참주가 얼마나 비참한지를 많은 노예를 가진 부자들에 비유해서 살펴보세.

글라우콘 　어떻게 말입니까?

소크라테스 　부자들은 불안한 구석이 없으며, 집안 노예들을 두려워하지 않겠지?

글라우콘 　그들이 무얼 두려워하겠습니까?

소크라테스 　아무것도 없지. 그 까닭을 자네는 아나?

글라우콘 　예. 그건 국가가 시민 개개인을 지원해 주기 때문이죠.

소크라테스 　훌륭한 대답이네. 그런데 만약 어떤 신이 50명 이상의 노예를 갖고 있는 한 사람을 그 국가에서 들어올려, 아무도 도와 줄 수 없는 외진 곳에 그와 처자를 노예들과 함께 내려놓는다면 어떨까? 그는 자신과 처자가 노예들한테 살해당하지 않을까 두려워할 거야.

글라우콘 　굉장히 두려울 것입니다.

소크라테스 　그래서 그는 자신의 노예 가운데 몇몇에게 어느새 알랑거리며 많은 걸 약속하고, 그들이 요구하지 않아도 몇몇 노예들을 자유롭게 해 주고, 그 자신이 자기 하인들의 아첨꾼으로 변하게 될 걸세.

글라우콘 　그렇게 하지 않으면 살해당할 테니까요.

소크라테스 　만약 신이 더 많은 노예를 이 사람 주위에 이주시킨다면 어떻게 될까?

글라우콘　그는 사방을 에워싼 적들한테 감시받으면서 한결 더 나쁜 상황에 처할 것입니다.

소크라테스　이것이 바로 온갖 두려움과 욕구로 가득 찬 참주의 모습이라네. 그런 참주는 감옥에 갇혀 있는 것과 마찬가지지. 이 국가에 사는 사람들 가운데 오직 그만이 어디로도 외국 여행을 할 수가 없고, 다른 자유민들이 보고 싶어 하는 많은 것을 구경할 수도 없어. 대부분의 시간을 집에 처박혀 살면서, 혹시 누군가가 외국 여행을 하거나 좋은 구경이라도 하면 그런 사람들을 부러워할 뿐이지.

글라우콘　그렇습니다.

소크라테스　결론적으로 참주는 자신의 욕구들을 전혀 충족시키지 못하는 가장 부족하고 가난한 사람이야. 그리고 그는 평생 두려움에 가득 찬 채 살며, 경련과 고통이 그를 떠나지 않을 걸세.

글라우콘　지각 있는 사람이라면 선생님의 말씀에 반박하지 않을 것입니다.

소크라테스　자, 그렇다면 최종 판정을 내려 보세. 가장 올바른 사람이 가장 행복한데, 왕도 정체적 인간이 여기에 해당하고, 가장 나쁘고 가장 올바르지 못한 사람이 가장 비참한데, 참주 정체적 인간이 여기에 해당한다고 말이야. 인간의 유형은 모두 다섯 가지인데, 왕도 정체적 인간, 명예 정체적 인간, 과두 정체적 인간, 민주 정체적 인간, 그리고 참주 정체적 인간 순으로 행복을 누리네.

글라우콘　　선생님의 판정이 옳습니다.

✤ 지금까지 가장 사악한 사람(참주)이 가장 비참하고 불행하다는 것을 국가와 인간의 대비 관계를 통해 살펴보았다. 이것은 곧 가장 사악한 사람이 가장 비참하다는 판정에 대한 첫 번째 증명을 한 셈이다. 여기서는 이런 판정에 대한 두 번째, 세 번째 증명이 계속 진행된다. 두 번째 증명은 혼의 세 부분과 관련된 것이다. 혼에는 배움을 좋아하고 지혜를 사랑하는 이성적인 부분과, 이기기를 좋아하고 명예를 좋아하는 격정적인 부분, 그리고 온갖 욕구와 관련되어 있는 욕구적인 부분이 있다. 이들 세 부분과 관련해서 각각 그 나름의 즐거움이 있는데, 그 즐거움 가운데 어느 것이 가장 좋은 것이며 사람을 참으로 행복하게 만드는 것인가를 판별하는 기준은 경험, 슬기, 이성적 논의 등이다. 지혜를 사랑하는 사람만이 이 기준들을 두루 경험하고 갖출 수 있다. 다른 사람들은 분별력도 없고, 이성적 논의의 경험도 없다. 따라서 그가 가장 행복한 것으로 판단하는 삶이 가장 즐거운 삶이다. 참주의 삶은 이러한 삶에서 가장 멀다.

세 번째 증명은 즐거움 자체의 성질에 대한 비교를 근거로 하고 있다. 배고픔과 목마름은 신체적인 상태와 관련하여 비워진 상태다. 이를 채우는 것, 즉 충족시켜 주는 것이 즐거움을 가져다 준다. 이와 비교하여 무지와 어리석음은 혼과 관련하여 비워진 상태다. 양쪽 모두 영양이 필요하고 충족을 바란다. 그러나 그 대상이 각기 다르다. 한쪽은 음식이나 요리 등이고, 다른 한쪽은 참된 의견, 지식, 지성 등과 같은 훌륭함이다. 즉 좀 더 참된 의미의 '존재하는 것'에서 얻는 즐거움이 그렇지 못한 것에서 얻는 즐거움보다 월등히 크다. 지혜를 사랑하는 사람의 경우처럼, 혼의 각 부분들이 갈등을 일으키지 않고 저마다 제 구실을 할 때, 그 각 부분은 그것에 고유한 참된 최선의 즐거움을 맛본다. 그리고 참주의 삶은 이러한 즐거움에서 가장 멀리 떨어져 있다. 이것에 대해 소크라테스는 왕도 정체의 군왕이 참주보다도 729배나 더 즐겁게 산다는 재미있는 산술 결과를 제시한다.

올바름이 이익이 됨

소크라테스   이제 우리의 논의가 여기까지 이르렀으니, 처음에 언급했던 '완전히 올바르지 못한데도 올바르다고 평판이 난 사람에게는 올바르지 못한 짓을 하는 것이 이익이 된다.'는 주장으로 되돌아가 보세.

글라우콘   그렇게 하시죠.

소크라테스   그럼 '올바르지 못한 짓을 하는 것'과 '올바름을 행하는 것'이 각각 어떤 힘을 갖는지를 살펴보기 위해 혼의 모습을 형상화해 보세.

글라우콘   어떻게 말씀입니까?

소크라테스   욕구적인 부분을 상징하는 머리가 여러 개인 짐승의 형상과 격정적인 부분을 상징하는 사자의 형상, 그리고 이성적인 부분을 상징하는 사람의 형상을 만들어 보세. 짐승의 형상은 가장 크게, 사자의 형상은 그 다음 크기로, 사람의 형상은 가장 작게 해서 말이야. 그리고 이 세 형상을 하나로 묶고, 그것을 인간의 모습을 한 외피로 둘러싸 보세. 즉, 인간의 모습 안에 짐승의 형상, 사자의 형상, 사람의 형상 세 가지가 함께 엉켜 있는 모습이야.

글라우콘   그렇게 했습니다.

소크라테스   그렇다면 올바르지 못한 짓을 하는 것이 이롭고, 올바름을
행하는 것은 이득이 되지 않는다고 주장하는 사람에게 다음과 같이
말해 보세. 그가 주장하는 것은 한 인간 안에서 짐승과 사자의 형상
은 실컷 잘 먹고 강해지지만, 사람의 형상은 굶주려서 쇠약해지고,
사람의 형상이 짐승과 사자의 형상이 이끄는 대로 끌려다니며 서로
물어뜯고 싸우고 잡아먹도록 내버려 두는 것이라고 말이야.

글라우콘   올바르지 못한 짓을 하는 걸 찬양하는 사람이 주장하는 것
이 바로 그럴 것입니다.

소크라테스   반면에 올바른 것이 이롭다고 주장하는 사람은 이렇게 말
하지 않을까? 한 인간 안에서 사람의 형상이 짐승의 형상을 잘 길
들이고, 사자의 형상을 협력자로 만들어서 공동으로 모두를 돌보며
서로 화목하게 만들어야 한다고 말이야.

글라우콘   올바른 것을 찬양하는 사람은 그렇게 주장할 것입니다.

소크라테스   이렇게 볼 때, 올바른 것을 찬양하는 사람은 진실을 말하
겠지만, 올바르지 못한 것을 찬양하는 사람은 거짓말을 하는 거야.
즐거움, 명성, 유익함에 대해서도 올바른 것을 찬양하는 사람은 진
실을 말하지만, 올바른 것을 비난하는 사람은 전혀 건전한 것을 말
하지 않지. 왜냐하면 자신이 무엇을 비난하는지도 모르고 비난을

하기 때문이야.

글라우콘   제가 보기에도 그는 자기가 말하는 바를 제대로 알지 못하는 것 같군요.

소크라테스   여보게 글라우콘! 올바르지 못한 것을 찬양하는 사람을 다음과 같이 설득해 볼까? 아름다운 것들은 우리의 성향 가운데 야수적인 것을 인간적이거나 신적인 것에 종속시키는 반면, 추한 것들은 온순한 것을 사나운 것에 종속시킨다고 말이야. 그가 동의할까?

글라우콘   그가 저한테 설득된다면요.

소크라테스   가령 누가 자신의 가장 훌륭한 부분을 가장 사악한 부분의 종으로 만들어 황금을 올바르지 못한 방법으로 얻는 경우, 그것이 그에게 이로움이 될까? 하지만 황금을 얻고서 제 아들이나 딸을 노예로 만든다면, 그것이 그에게 이롭지는 않을 걸세.

글라우콘   그건 분명합니다.

소크라테스   그렇다면 글라우콘! 어떻게 올바르지 못한 짓이나 무절제가, 또는 부끄러운 짓을 저지르는 것이 이익이 된다고 말할 수 있는가? 그런 식이라면 어떤 사람이 재물이나 다른 어떤 힘을 얻는다고 할지라도 그는 더 사악하게 될 텐데 말이야.

글라우콘   맞습니다. 그렇게 말할 수 없습니다.

소크라테스   그리고 몰래 올바르지 못한 짓을 하고서도 처벌을 받지 않는 것이 어떻게 이익이 되는가? 아니, 그러고서도 발각되지 않은 사람은 한결 더 사악해지지 않겠나? 반면에 발각되어 벌을 받은 사람은 야수적인 부분이 순화되고 유순한 부분은 자유로워져서, 그의 혼 전체가 가장 훌륭한 그 본성을 갖게 될 것이고, 절제와 지혜를 함께 갖춘 올바름을 갖게 될 거야.

글라우콘   그렇습니다.

소크라테스   그러니까 적어도 지각 있는 사람은 다음과 같이 노력하면서 살 거야. 먼저 그는 올바른 혼을 실현할 학문들을 귀하게 여기고 다른 것들은 무시할 걸세. 다음으로 육체의 상태와 육체의 양육을 야수적이고 비이성적인 즐거움에 맡긴 채 살지 않고, 육신의 조화를 위해 노력할 거야. 또한 재물을 소유할 때도 질서와 화합을 유지하여, 재물 때문에 나쁜 일에 말려들지 않도록 할 거야. 그리고 자기 자신을 향상시킬 수 있는 명예는 기꺼이 받아들이지만, 생활에 혼란을 일으킬 우려가 있는 것은 피할 거야.

글라우콘   그러므로 그는 정치가는 되지 않을 것입니다. 그런 것이 염려된다면 말입니다.

소크라테스   그렇지. 신의 행운이 없는 한 그는 (현실의) 자기 조국에서는 정치를 하려 하지 않고, 자기 마음속에 있는 왕국에서만 정치를 하려 할 거야.

글라우콘   알겠습니다. 지금까지 우리가 수립해 온 국가, 즉 이론상으로만 가능한 그런 국가의 통치자이기를 원한다는 말씀이시죠? 그런 국가는 지상의 어디에도 존재하지 않을 것이라고 저는 생각하니까요.

소크라테스 그건 하늘에 있네. 하늘에 그 모형이 있단 말이지. 원하는 사람의 눈에는 그 국가가 보이네. 그 국가를 보면서 그 안에서 살 수 있지. 그 국가가 실제로 존재하느냐, 또는 앞으로 존재할 것이냐 하는 것은 문제가 되지 않네. 그는 그 국가의 풍습에 따라 살아갈 뿐이며, 그 밖의 것을 본받으려고 하지 않으니까.

글라우콘 그럴 것 같군요.

올바른 삶에 대한 보상

만약 우리가 혼은 불멸이며, 모든 나쁜 것과 좋은 것을 견뎌낼 수 있다고 믿는다면, 우리는 언제나 그 윗길을 가며 모든 방식으로 분별을 갖고 올바름을 수행할 것이니, 이는 우리 자신과 신들과 함께 어울려 지내기 위해서야. 그리하여 이승에서도, 그리고 우리가 말한 천 년 동안의 여정에서도 이것이 우리에게 행복을 가져다 줄 것일세.

제10권
올바른 삶에 대한 보상

제10권의 내용은 두 부분으로 이루어져 있다. 하나는 교육과 관련된 시와 철학의 역할이다. 여기서는 지금까지 시가 맡아 온 교육을 철학이 맡아야 함을 강조한다. 시는 모방 활동으로서 실재나 진실에서 멀리 떨어진 것이기 때문에, 훌륭한 수호자들을 양성하는 교육으로는 부적절하다는 것이다. 이에 따라 철학 교육의 중요성이 강조된다.

두 번째 부분에서는 혼의 불멸성과 올바른 삶에 대한 보상을 다룬다. 여기에서 중요한 것은 올바른 삶에 대한 보상을 살아 있을 때뿐만 아니라, 죽은 뒤에 더 크게 받는다는 것이다. 이것을 뒷받침하기 위해 '에르의 신화'가 소개된다. 에르의 신화는 '에르'라는 사람이 죽은 지 12일 만에 다시 살아나서, 12일 동안 저승에서 본 것을 얘기하는 내용이다. 에르의 말에 따르면 저승의 모든 혼들은 운명의 여신 앞에서 제비뽑기를 하여 자신이 살아갈 삶의 모습들을 선택한다. 그런데 대부분의 혼들은 전생의 습관에 따라 제비뽑기를 하기 때문에, 자기가 뽑은 삶의 모습들에 대해 후회하거나 비통해 한다. 따라서 유익한 삶과 무익한 삶이 구별되며, 언제 어디서나 최선의 것을 선택할 수 있게 가르쳐 주는 학문의 탐구자가 되도록 노력해야만 한다는 교훈을 던져 준다.

혼이 불멸이라는 것을 믿는다면, 언제나 분별 있게 살면서 올바름을 수행해야 하며, 그래야만 참주와 같은 불행한 삶을 선택하지 않게 된다. 결국 올바름은 그 자체만으로도 좋지만, 그 결과 때문에 좋은 것이고 사후 세계에서도 그 논리는 그대로 적용된다는 것이다.

철학의 교육적 역할

✦ 여기서부터 시가 전적으로 떠맡다시피 한 교육을 이 훌륭한 국가에서는 철학이 떠맡을 수밖에 없는 당위성에 대해 말한다. 그래서 먼저 언급하는 것이 시작(詩作) 행위의 성격과 그 대상에 관한 것인데, 소크라테스는 시나 그림을 통한 예술 활동을 모방 행위로 규정한다. 그런데 이 모방의 대상은 실재인 '이데아'가 아니라 '현상'이다. 따라서 모방을 통한 제작물은 실재에서 세 단계나 떨어진 것으로, 그만큼 진실에서 멀어지기 마련이다. 또한 예술 활동이 인간의 이성적인 면을 고양시키고 교육하는 데 마음을 쓰기보다는 즐거움을 주는 데 더 치중하는 한, 훌륭한 국가에서 시인의 활동은 제약을 받을 수밖에 없다. 이런 주장은 교육에서 시의 역할에 대한 문제점을 지적하는 동시에, 그 교육의 역할을 철학이 담당해야 한다는 당위성을 강조하기 위한 것이다.

소크라테스 이보게 글라우콘! 만일 호메로스(Homeros, 고대 그리스 시인)의
　찬양자들이 '호메로스야말로 그리스의 교사이므로 우리는 인생의
　모든 일에 대해서 그에게 배워야 하며, 이 시인의 가르침에 따라서
　생활을 영위해 나가지 않으면 안 된다.'고 주장한다면 그것까지는
　상관 없네. 우리는 그 사람들도 최선의 생활 방도를 찾고 있다고 생
　각해서 그들을 친구로 여길 수도 있어. 또 호메로스가 가장 위대한
　시인이며 비극의 일인자라는 데도 동의할 수 있어.
　　그러나 국가에 받아들여도 좋은 것은 신을 찬미하고 훌륭한 인물
　을 찬양하는 노래뿐이라는 것을 알아야만 하네. 만약에 자네가 서

정시에서든 서사시에서든 즐거움만을 위한 시를 받아들인다면, 자네 국가에서는 법과 이성 대신에 즐거움과 괴로움이 왕 노릇을 하게 될 거야.

글라우콘   맞습니다.

소크라테스   시가 지금까지 우리가 이야기해 온 바와 같은 성질의 것이라면, 우리가 전에 시를 국가에서 추방하기로 한 것은 당연한 일이야. 왜냐하면 이성이 우리에게 다른 태도를 허용하지 않았기 때문이지. 그러나 우리는 완고하고 무례한 사람이라는 비난을 받지 않기 위해 옛날부터 철학과 시 사이가 좋지 않았다는 것을 시 쪽에 말해 주기로 하세. 즉, 시 쪽에서도 철학에 대해 '주인에게 짖어대며 소란을 피우는 개'라든가 '바보들의 잡담 가운데 우두머리', 또는 '지나치게 예리한 두뇌의 무리', '자기가 거지임을 섬세히 따지는 놈팡이' 등의 악담을 해 왔네. 또 그 밖에 무수한 예가 철학자와 시인 사이의 오랜 적대 관계를 보여 주지. 그러나 우리는 만일 모방의 자매인 시가 질서 있는 국가에 존재해야 할 명분만 입증된다면, 기꺼이 받아들여야 할 걸세. 우리도 시의 매력을 인정하지만, 그렇다고 진리를 배반할 수는 없지 않나. 자네도 나와 마찬가지로 시에 대해서 매력을 느끼고 있을 걸세. 특히 호메로스의 시 말이야.

글라우콘   그렇습니다. 저도 상당히 매력을 느끼고 있습니다.

소크라테스   그러니 다음과 같은 조건을 붙여 시의 추방을 철회해도 좋을 거야. 즉, 어떤 형식의 시라도 훌륭히 다스려지는 나라에 있어야만 한다는 논리가 입증만 된다면 말일세.

글라우콘 네, 맞습니다.

소크라테스 그리고 우리는 시 애호가이기도 하지만, 시인이 아닌 사람들에게 산문으로 시를 변호할 것을 허용해도 괜찮아. 즐거움과 함께 국가나 인생에서 시가 유익하다는 것을 증명할 수만 있다면 말야. 만일 이것이 입증된다면 우리는 분명히 이득을 얻게 되니까.

글라우콘 그렇습니다.

소크라테스 그러나 변호에 실패하면 아무리 매혹을 느껴도 시를 버리지 않을 수 없네. 마치 사랑하는 사람들 사이에서 상대방이 자기에게 이롭지 않다고 생각했을 때, 아무리 괴롭더라도 멀리하는 것처럼 말이야.

우리는 국가에서 실시하는 교육을 받고 시를 사랑하기 때문에, 시가 가장 아름답고 참된 것으로 보이는 거야. 그러나 시가 자기 자신을 변호할 수 없다면, 우리도 시의 매력에 맞서는 이 주장을 주문 삼아서 많은 사람이 철없는 사랑에 빠지는 것처럼 시에 빠지지 않도록 주의를 주어야 하네. 우리는 다음과 같이 생각해야 하네. '저런 시를 진실한 것으로 생각해서 사랑해서는 안 된다. 오히려 시를 좋아하는 사람은 자기 안에 위험이 미치는 것을 염려하여, 우리가 시에 대해 이야기해 온 것을 다시 명심하고 시를 경계해야 한다.'라고.

글라우콘   동의합니다.

소크라테스   이 싸움은 중대한 일이야. 사람이 선량해지는가, 아니면 나
빠지는가는 흔히 생각하는 것보다 더 중대한 것이니까 말이야. 그
러니 명예나 재물 또는 관직, 더 나아가 시에 자극되어 올바름과 그
밖의 다른 훌륭함에 무관심해져서는 안 되네.

글라우콘   지금까지 이야기한 것들을 근거로 선생님과 의견을 같이합
니다. 다른 사람들도 누구나 그럴 것이라고 생각합니다.

올바름에 대한 사후의 보상

소크라테스   여보게 글라우콘! 우리는 사람의 훌륭함에 대한 가장 큰 보
답과 상에 대해 아직 자세한 얘기를 하지 않았어.

글라우콘   지금까지 말한 것들보다 더 큰 것이 있다면, 굉장히 큰 걸
말씀하시겠군요.

소크라테스   자네는 우리의 혼이 죽지 않으며 결코 파멸하지 않는다는
것을 모르나?

글라우콘   저는 몰랐습니다. 선생님께서는 그것을 어떻게 주장할 수
있습니까?

✤ 혼의 불멸성에 대한 증명을 요구하는 글라우콘의 질문에 소크라테스는 파멸의 의미, 혼과 육체의 관계와 같은 사례를 들면서 혼의 불멸성을 주장한다. 그리고 혼은 '언제나 있는 것', '죽지 않는 것'이라고 결론을 내리고, 글라우콘도 이에 수긍한다.

소크라테스   그렇다면 글라우콘! 올바름과 그 밖의 훌륭함에 대해서, 사람이 살아 있을 때뿐만 아니라 죽어서까지 인간과 신들에게서 보답과 상을 받는다는 것이 잘못된 주장은 아니겠지?

글라우콘   그렇습니다.

소크라테스   그러면 올바른 사람과 올바르지 못한 사람이 살아 있을 때 받는 보상은 죽은 뒤에 받는 보상에 비하면 아무것도 아니야. 그것이 어떤 것인지를 지금부터 말해 주지.

글라우콘   그보다 더 즐거운 이야기는 없을 것 같군요. 빨리 말씀해 주십시오.

소크라테스   지금부터 팜필리아 종족의 '에르(Ĕr)'라는 한 용감한 남자 이야기를 해 주지. 그는 어떤 전투에서 죽었는데, 죽은 지 10일이 지나 썩어 가는 시체들을 거둘 때에도 그의 시체는 멀쩡한 상태였어. 그래서 집으로 옮겼다가 12일째 되는 날 장례를 치르려고 했다네. 그런데 화장을 하려고 쌓아 놓은 장작더미 위에서 그가 되살아났어. 그렇게 되살아난 에르는 자기가 12일 동안 저승에서 본 것을 이야기했지. 그의 이야기는 이러하네.

그의 혼이 육체를 떠난 다른 혼들과 함께 여행을 하는데, 어떤 신비한 곳에 이르게 되었네. 그곳에는 땅 쪽으로 두 개의 넓은 구멍이 나란히 뚫려 있었고, 하늘 쪽으로도 똑같이 두 개의 구멍이 뚫려 있었어. 그런데 이 구멍들 사이에 심판자들이 앉아서 혼들을 심판하는 거야. 올바른 사람에겐 심판받은 내용의 표지를 앞에 두르게 하고 하늘로 난 오른쪽 구멍으로 올라가도록 지시하고, 올바르지 못한 사람에겐 그가 행한 모든 행적의 표지를 등에 달고서 아래로 난 왼쪽 구멍으로 내려가도록 지시했어.

에르는 거기에서 혼들이 심판을 받은 뒤에 하늘과 땅의 구멍으로 떠나는 걸 보았지. 그리고 하늘로 뚫린 왼쪽 구멍에서는 순수한 혼들이 내려오는 것을 보았고, 땅으로 뚫린 오른쪽 구멍에서는 오물과 먼지를 뒤집어쓴 혼들이 올라오는 것을 보았어. 하늘과 땅에서 도착한 혼들은 오랜 여행을 하고 온 것처럼 보였는데, 축제에 참가하듯 반갑게 초원으로 가서 야영을 했네.

서로 아는 혼들끼리는 인사를 나누며 땅 쪽에서 온 혼들은 하늘 쪽에서 온 혼들에게 하늘의 일을 묻고, 하늘 쪽에서 온 혼들은 땅 쪽에서 온 혼들에게 땅의 일을 묻더라는군. 그래서 그들은 서로의 이야기를 들려주었는데, 한쪽은 지하 여행에서(이 여행은 천 년이 걸린다) 자신들이 얼마나 많은 일을 겪었는가에 대해 비탄과 통탄 어린 이야기를 했고, 하늘 쪽에서 온 혼들은 자신들이 잘 지낸 일과 아름답고도 굉장한 구경거리에 대해 이야기했다는군.

　글라우콘! 실상 그 많은 이야기를 다 하려면 너무 시간이 많이 걸려. 주요 이야기는 이런 것일세. 사람들은 언젠가 누구에게건 일단 올바르지 못한 짓을 한 만큼, 그리고 각자가 해친 사람들의 수만큼 그 벌을 모두 받게 되는데, 그 잘못의 열 배로 벌을 받는다네. 특히 오른쪽 아래의 땅으로 통하는 구멍에서는 많은 사람들이 올라오려고 아우성을 친다네. 너무나 힘든 벌을 받기 때문이지. 그리고 대부분 가장 심한 벌을 받는 사람들은 참주들이었다네.

　땅에서 올라온 혼들과 하늘에서 내려온 혼들이 함께 초원에서 지낸 지 7일이 지나고 8일째가 되자, 그들은 길을 떠나야만 했어. 그리고 3일 만에 다다른 곳에서 모든 천체와 지구를 관통하며 기둥처럼 뻗어 있는 빛을 위에서 내려다볼 수 있었는데, 그 빛은 무지개와 비슷하면서도 더 밝고 맑았어. 하루를 더 가서 보았더니, 그 빛의 중간에 몇 개의 띠가 하늘에서 아래쪽까지 뻗어 있는 게 보였어. 이 여러 띠들의 끝은 다시 아낭케 여신(운명의 여신들의 어머니)의 방추(紡錘)에 하나로 묶여 연결되어 있었지.

✤ 방추에는 8개의 돌림판이 연결되어 각각 회전을 하는데, 그것은 항성과 토성, 목성, 화성, 수성, 금성, 태양, 달을 의미한다. 결국 혼들이 발견한 빛 기둥과 방추, 그리고 8개의 돌림판 이야기는 모든 천체를 묘사한 것이라고 할 수 있다.

그런데 이 방추 자체는 아낭케 여신의 무릎에서 회전하도록 되어 있었네. 또한 다른 세 여신이 빙 둘러 같은 거리를 두고 옥좌에 앉아 있는데, 이들은 아낭케 여신의 딸들로서 운명의 여신들이었지. 이들이 화음에 맞춰 노래를 부르는데, 라케시스는 지난 일들을, 클로토는 현재의 일들을, 그리고 아트로포스는 미래의 일들을 노래했어. 혼들이 거기에 도착했을 때, 그들은 곧바로 라케시스에게 불려 나갔네. 그러자 한 대변자가 먼저 그들을 정렬시키더니, 라케시스의 무릎에서 제비와 삶의 표본들을 집어 들고는 높은 단 위에 올라 이렇게 말했지.

'이는 아낭케의 따님이며 처녀이신 라케시스의 말씀이다. 하루살이인 혼들이여, 이건 죽을 수밖에 없는 종족에게 죽음을 가져다 주는 또 다른 주기의 시작이니라. 다이몬(수호신)이 그대들을 제비로 뽑는 것이 아니라, 그대들이 다이몬을 선택하리라. 첫 번째 제비를 뽑는 사람은 자신이 함께 할 삶을 맨 먼저 선택하게 되리라. 훌륭함은 그 주인이 없어서 저마다 그걸 귀하게 여기는가, 아니면 대수롭지 않게 여기는가에 따라 그걸 더 갖게 되거나 덜 갖게 되리라. 그 탓은 선택한 자의 것이지 신을 탓할 일이 아니니라.'

이런 말을 하고서 모두를 향해 제비들을 던져 주었는데, 에르를 제외하고는 저마다 자기 옆에 떨어진 것을 집었다네. 에르한테는 그게 허용되지 않았어. 그걸 집어 든 자는 자신이 몇 번째 것을 뽑았는지가 분명했어. 다음에는 삶의 표본들이 그들 앞에 놓였는데, 그 수는 그 자리에 있는 혼들보다도 훨씬 많았고 종류도 여러 가지였네. 모든 동물의 삶과 모든 인간의 삶이 함께 있었기 때문이지. 그것들 가운데는 참주 신분도 있었는데, 어떤 것들은 일생 동안 지속되는 것들인 반면에 어떤 것들은 중도에 몰락하여 가난과 망명, 구걸 신세로 끝나는 것들이었어. 그런가 하면 유명하게 사는 사람들의 삶도 있었고, 불명예스러운 사람들의 삶들도 있었지. 또한 부와 가난, 질병과 건강, 그리고 이것들의 중간 상태에 섞여 있는 삶들도 있었어.

여보게 글라우콘! 바로 여기에 인간의 모든 모험이 있는 것 같네. 우리가 다른 학문들은 소홀히 하더라도 유익한 삶과 무익한 삶을 구별하며 언제 어디서나 최선의 것을 선택할 수 있고, 또한 그렇게 할 수 있도록 가르쳐 주는 그런 학문의 탐구자가 되도록 최대한 마음을 써야 하는 것도 이 때문이야. 다시 말해 세상의 모든 것들이 섞여서 무슨 결과를 가져오는지 알게 하고, 이 모든 것에서 더 못한 삶과 더 나은 삶에 대해 혼의 본성에 유의하면서 결론을 내리게 해 주는 그런 학문 말일세. 그리고 이를 통해서 우리가 최선의 선택을 했다면 그 신념을 금강석처럼 굳게 지니고 저승으로 가야 할 거야.

저승에서 부와 그 밖의 나쁜 것들로 말미암아 기가 꺾이는 일이 없도록 하고, 참주와 같은 나쁜 유형의 활동에 빠져 나쁜 일을 겪는 일이 없도록 하려면 말이야. 그리고 그런 삶들 가운데서 언제나 중용의 삶을 선택하여, 이승의 삶이나 저승의 삶에서 모두 양극단의 지나침을 피할 줄 알려면 말일세. 인간이 가장 행복해지는 것은 이런 식으로 가능하기 때문이지.

그러고 나서 라케시스 신의 대변자가 이렇게 말했다네.

'마지막으로 오는 자에게도 만약 그가 이성적으로 선택해서 진지하게 사는 사람이라면, 나쁘지 않은 만족할 만한 삶이 있느니라. 맨 먼저 선택하는 사람은 선택을 경솔히 하는 일이 없도록 할 것이며, 마지막에 선택하는 사람은 낙담하지 말지어다.'

대변자가 이 말을 하자, 첫 번째 제비를 뽑은 사람이 곧바로 나아가서 최고의 참주 신분을 선택했어. 무분별과 탐욕으로 인해서 모든 걸 충분히 살피지 않고 선택함으로써, 그는 제 자식들을 먹어야 하는 운명과 그 밖의 나쁜 일들을 겪게 될 운명이 그 속에 포함된 것을 미처 보지 못했다네. 그는 다시 찬찬히 검토해 보고서는 제 가슴을 치며 자신의 선택에 대해 통탄을 했어. 그러고는 그 나쁜 일들에 대해 자신을 탓하지 않고 운명과 다이몬을 탓했네. 그런데 그는 하늘 쪽에서 온 사람으로서 전생에 질서 정연한 정체에서 살았었지.

하지만 지혜에 대한 사랑 없이 습관적으로 훌륭함에 관여했던 사람이라네. 말하자면 이런 처지에 빠지는 사람들 가운데 적지 않은 수가 하늘 쪽에서 온 사람들인데, 이는 그들이 힘든 일로 단련을 받은 일이 없기 때문이야. 반면에 땅 쪽에서 온 사람들 가운데 다수는, 자신들도 고생을 했지만 남들이 고생하는 것도 목격했기 때문에 금방 선택을 하지 않았어.

이 때문에, 그리고 제비뽑기의 운수 때문에 많은 혼들에게 나쁜 일과 좋은 일이 뒤바뀌어 일어났지. 만약에 어떤 이가 이승의 삶을 살 때 언제나 건전한 철학을 했다면, 그리고 그에게 선택의 제비가 마지막 차례에 떨어지지만 않는다면 그는 이승에서도 행복할 뿐만 아니라 저승으로 가는 길도, 그리고 다시 이리로 돌아오는 길도 땅 쪽에서 오는 거친 길이 아닌 하늘 쪽에서 오는 부드러운 길을 따라서 올 것 같네.

에르의 말로는 각각의 혼이 자신의 삶을 어떻게 선택하는가가 볼 만한 구경거리였다는군. 보기에 딱하기도 하고 우습기도 하고 놀랍기도 했기 때문이지. 대개는 전생의 습관에 따라 선택을 했다네. 어쨌든 모든 혼이 자신의 삶을 선택한 다음, 제비뽑기를 했던 순서대로 차례로 라케시스에게 나아갔어. 여신은 각자가 선택한 다이몬을 그 삶의 수호자로서, 그리고 선택된 것들의 수행자로서 딸려 보냈어. 다이몬은 혼을 먼저 클로토에게 인도하여, 여신의 손과 방추의 회전 운동이 진행되는 아래쪽으로 가서 제비뽑기를 한 혼이 선택한 운명을 확인했다네.

　여신과 접촉한 다음, 다이몬은 다시 혼을 아트로포스가 운명의 실을 잣는 곳으로 인도하여, 일단 꼬아 놓은 운명의 실을 되돌릴 수 없도록 만들었어. 그리고 이곳에서 아낭케의 옥좌 아래로 갔어. 그가 이 옥좌를 통과하고 다른 혼들도 통과한 뒤에, 그들 모두는 무섭도록 이글거리며 숨 막히는 무더위를 뚫고 '망각의 평야'로 나아갔네. 그곳은 나무도 없고 땅에서 자라는 것이라곤 아무것도 없는 곳이었어.

　저녁이 되어서 그들은 '망각의 강' 옆에서 야영을 했는데, 이 강물은 어떤 그릇으로도 담을 수가 없는 것이었네. 그래도 모두가 어느 정도는 마실 수 있었지. 하지만 분별 없는 사람들은 정도 이상으로 마시게 된다네. 그런데 일단 이 물을 마시면 모든 걸 잊어버린다는군.

　그들이 잠이 들고 밤중이 되었을 때, 천둥과 지진이 일어나더니 갑자기 그들이 저마다 뿔뿔이 제 출생을 향해 마치 유성처럼 위로 이동해 가 버렸네. 그런데 에르는 그 강물을 마시는 것을 제지당했지. 물론 자신이 어떻게 해서 제 몸 속으로 다시 돌아왔는지는 알지 못했지만, 꼭두새벽에 눈을 뜨자 자신이 장작더미 위에 놓여 있는 걸 보게 되었다네.

　글라우콘! 그리하여 이 이야기가 사라지지 않고 보전되었으니,

우리가 이를 믿는다면 그것이 우리를 또한 구원해 줄 것이며, '망각의 강' 또한 잘 건너서 우리의 혼도 더럽혀지지 않을 거야. 만약 우리가 혼은 불멸이며, 모든 나쁜 것과 좋은 것을 견뎌 낼 수 있다고 믿는다면, 우리는 언제나 그 윗길을 가며 모든 방식으로 분별을 갖고 올바름을 수행할 것이니, 이는 우리 자신과 신들과 함께 어울려 지내기 위해서야. 그리하여 이승에서도, 그리고 앞서 우리가 말한 그 천 년 동안의 여정에서도 이것이 우리에게 행복을 가져다 줄 것일세.

플라톤의 사상과 《국가》 따라잡기

1. 플라톤의 생애

플라톤(Plato)은 기원전 428/7년에 태어나서 348/7년까지 살았다. 플라톤의 생애 연도에 두 해를 함께 말하는 것은, 당시 아테네의 달력 계산법을 고려한 것이다. 그의 집안은 아버지 쪽이나 어머니 쪽 모두 명문가였는데, 아버지는 일찍 세상을 뜨고 어머니는 다른 사람과 재혼하였다.

플라톤의 형제로는 아데이만토스와 글라우콘이라는 두 형과 포토네라는 누나가 있었는데, 재미있게도 이들은 그의 대화편에 모두 소크라테스의 제자로 나온다.

플라톤이라는 이름과 얽혀서도 많은 이야기가 있다. 하나는 원래 그의 이름이 할아버지의 이름을 따서 아리스토클레스였는데, 건장한 용모 때문에 그의 체육 교사가 이름을 '플라톤'으로 바꿔 주었다는 것이다. '넓다(platys)'는 뜻에서 유래한 그의 이름은 넓은 어깨 때문에 붙여졌다고 주장하는 사람도 있고, 넓은 이마 때문이라고 주장하

는 사람도 있다. 또는 그의 풍부하고 넓은 글재주 때문에 붙여진 이름
이라는 주장도 있다. 그러나 당시에 '플라톤'이라는 이름은 아테네에
만 31명이나 있을 만큼 흔했기 때문에, 그의 이름에 얽힌 갖가지 이
야기들은 그의 명성을 드러내기 위해 뒤에 지어 낸 것들이라고 볼 수
있다.

그의 어린 시절과 청년기에 아테네는 전쟁과 정치적 격변의 시기
였다. 그의 조국 아테네가 스파르타에 점령당해 민주 정체가 무너지
고 과두 정체가 이어지면서, 정치적 선동과 싸움이 꼬리를 무는 정치
적 혼란기였던 것이다. 흔히 그렇듯이 그도 다른 명문가의 자제들처
럼 현실 정치에 뛰어들려고 했지만, 타락한 정치 현실에 환멸을 느껴
서 포기한다. 그러나 그 어떤 것보다도 그의 인생 항로에 큰 영향을
미치고 현실 정치에 환멸을 느끼게 만든 사건은, 그의 스승 소크라테
스와의 만남과 그의 죽음이었다.

플라톤은 20세 때 소크라테스의 제자가 된 것으로 알려져 있다. 20
세까지 시만 쓰며 살던 플라톤은 어느 날 시 낭송 대회에 참석하러
극장에 가다가, 젊은이들과 대화를 나누는 소크라테스를 보게 된다.
젊은이들에게 둘러싸인 노인이 자신의 정신을 이끌어 줄 안내자라는
걸 알아본 그는, 그때까지 썼던 모든 시를 불태우고 그를 따르기 시
작했다고 한다.

또한 두 사람의 만남에 대해 이런 이야기가 전해 오기도 한다. 소

크라테스가 꿈을 꾸었는데, 새끼 백조가 자신의 무릎에 있다가 곧바로 날개가 돋아서 날아오르더니 즐겁게 소리를 질러 댔다고 한다. 그러고서 다음 날 플라톤을 소개받았다. 그러자 소크라테스는 이 사람이 그 백조라고 말했다고 한다.

플라톤과 소크라테스의 이와 같은 각별한 관계는 플라톤의 생애를 통해서도 그대로 드러난다. 플라톤은 많은 대화편을 남겼으면서도, 정작 자신에 관해서는 단 세 군데에서만 언급하고 있을 뿐, 대부분 소크라테스의 이름으로 논의를 전개한다. 이러한 각별한 관계를 유지했던 소크라테스의 죽음은 플라톤에게 너무나도 충격적인 사건이었다.

소크라테스는 당시 과두 정체를 무너뜨리고 집권한 민주 정체를 주도하던 사람들에 의해 젊은이들을 타락시키고 국가가 믿는 신들을 믿지 않는다는 죄목으로 고발당했다. 앞의 경우는 젊은이들이 정치 지도자를 존경하지 않는 것이 소크라테스 때문이라는 것이고, 뒤의 경우는 요즘으로 치면 반체제 인사에 대해 권력자 마음대로 적용할 수 있는 죄목으로, 일단 걸려 들면 중형을 면하기 어려운 것이었다.

고발당한 소크라테스는 법정에서 배심원들의 근소한 표차로 사형 선고를 받은 뒤, 한 달 뒤에 독배를 마시고 죽는다. 그때가 기원전 399년, 소크라테스의 나이 70세였으며 플라톤의 나이는 28세였다. 이 사건은 "나는 무엇보다도 소크라테스와 같은 시대에 태어난 것을 행복으로 생각한다."라고 말했던 플라톤에게 엄청나게 큰 충격이었다. 플라톤이 정치 참여를 포기하고 철학자의 길로 나아가게 만든 계기가 이 사건이라고 할 수 있다.

소크라테스가 죽은 뒤 그의 행적에 대해서는 정확히 알려진 것이 없으나, 몇 년간 소크라테스의 다른 제자들과 함께 조용히 지내다가 새로운 지식에 대한 갈증을 이기지 못해, 당시로서는 철학자들의 기초 과정이라고 할 수 있는 여행을 시작했다고 한다. 기록을 통해서 볼 때 그는 막 40세가 되어서 시칠리아 섬의 동쪽 해안에 있는 시라쿠사를 여행했고, 거기서 시라쿠사의 참주 디오니시오스 Ⅰ세와 그의 처남인 디온이라는 청년을 만나게 된다.

권위적이고 잔인한 참주 디오니시오스와는 달리 디온은 이상주의자였는데, 플라톤의 명성과 사상을 잘 알고 있었기 때문에 궁정에 머물러 달라고 간청했다. 그러나 상황은 디온이 바라는 것과는 다르게 흘러 갔다. 플라톤은 궁정 생활에 환멸을 느꼈고, 디오니시오스는 고귀한 체하는 아테네 양반을 곱게 보지 않았다.

그 당시 시라쿠사 궁전에서는 한번 연회가 시작되면 90일이나 계속될 정도였다. 이러한 삶이 플라톤 마음에 들 리 없었다. 그런데 디오니시오스와 플라톤의 견해 차이 때문에 상황은 더욱 나빠졌다. 두 사람은 덕에 대한 주제로 대화를 나누었는데, 플라톤은 덕 있는 사람이 참주보다 더 행복하다는 말로 서두를 꺼냈다. 그렇잖아도 마음이 불편했던 디오니시오스가 플라톤에게 물었다.

"그대는 무엇하러 시칠리아에 왔는가?"

"덕이 있는 사람을 찾으러 왔소이다."

"벌써 찾았다고 생각하지 않는가?"

"천만의 말씀이오."

"그대의 말에는 노망기가 있도다."

"폐하의 말에는 폭군의 말투가 스며 있소이다."

이런 말싸움 끝에 플라톤은 밧줄에 묶여 스파르타 사람들의 배에 실려 가는 신세가 되고 말았다. 디오니시오스가 그를 노예 시장에 내다 팔라고 명령한 것이다. 다행히 아는 사람의 도움으로 아테네로 돌아온 뒤, 플라톤은 저작과 철학적 탐구에 온 힘을 쏟는다. 그가 남긴 대화편 가운데 초기의 작품은 이 시기에 쓰여진 것으로 추정된다. 42세 무렵인 기원전 385년경에 그는 그의 학문 활동의 본거지가 되는 아카데미아 학원을 세운다.

이 학원은 기원후 529년까지 존속하는데, 플라톤이 이 학원을 세운 목적은 혼란한 그리스 사회를 근본적으로 개혁하는 데 필요한 참된 지성인을 양성하기 위한 것이었다고 할 수 있다. 실제로 이 학원에서 각 분야의 학자들이 모여 학문을 연구했으며, 여러 국가의 입법이나 정치적 자문을 위해 이 학원의 학자들이 파견되기도 했다. 아리스토텔레스도 17세(기원전 367년)에 이 학원에 입문하여, 플라톤이 사망하기까지 20년간 머물며 학문을 연구했다. 이곳에서 플라톤은 많은 대화편들을 남기는데, 플라톤이 아카데미아 학원을 세울 무렵부터 60세에 이르기까지의 대화편들을 보통 중기 대화편으로 분류한다.

플라톤이 60세가 되던 기원전 367년, 시라쿠사에서는 디오니시오스 Ⅰ세가 죽고 디오니시오스 Ⅱ세가 뒤를 잇는다. 이미 중년이 된 디온은 젊은 참주에게 《국가》에 언급된 철인 통치자의 사상을 심어 주기 위해 플라톤을 스승으로 모셔 오도록 설득하는 데 성공, 플라톤에게 그 뜻을 전하고 간청한다.

플라톤은 심한 갈등을 겪은 끝에 자신이 순전히 말뿐인 사람으로 비치는 것이 부끄러워서, 마침내 아테네에서 하던 모든 일들을 내버려 둔 채 다시 시라쿠사로 간다. 그러나 이미 그곳은 갖은 음모와 분쟁의 도가니 속이었고, 그가 도착한 지 넉 달 만에 디온은 모반 혐의로 국외로 추방당한다.

그러나 젊은 참주는 플라톤을 위로하며 디온에 대한 그의 관심을 자기에게 돌리려고 노력하지만, 정작 철학에 대해서는 아무런 관심도 보이지 않는다. 마침 시칠리아에 전쟁이 일어나자, 플라톤은 평화가 회복되고 국정이 안정되는 대로 디온과 자기를 다시 불러 달라는 말을 남기고 아테네로 돌아온다. 이때가 기원전 365년으로, 그로서는 2년을 헛되게 보낸 셈이었다. 그 뒤 4년이 지난 다음 다시 시라쿠사로 가지만, 여전히 바뀌지 않은 젊은 참주의 행태에 실망하여 67세가 되던 해에 다시 아테네로 돌아오고 만다.

이후 13년을 활발한 학문 활동으로 보내다가, 기원전 347년에 80세로 생을 마감한다. 이 마지막 시기(기원전 365년~347년)에 쓴 대화편들이 후기 저술로 분류되는데, 그의 대화편 가운데 최후의 것이자 최대의 분량인 《법률》이 이때 완성된다. 그는 이 《법률》에서 외적보다 더 무서운 내분이나 갈등이 없는 국가, 그러기 위해서 분배가 적절하게 이루어진 국가, 시민들 서로가 화목하고 지성을 지닌 국가를 만들고자 하는 자신의 소망을 표현했다.

그러나 플라톤의 이러한 간절한 소망과는 다르게 아테네는 몰락의 길로 가고 있었다. 아테네와 테베가 주축이 되어 동맹국들과 함께 새로운 강국 마케도니아에 대항했으나, 카이로네아 전투에서 결정적인 패배를 한다. 아테네가 붕괴되는 본격적인 조짐이 시작된 것이다. 플라톤이 죽은 지 채 10년이 안 되어서였다.

2. 플라톤의 대화편

플라톤의 저술들은 모두 대화하는 형식으로 되어 있다. 그래서 그의 저술들을 '대화편'이라고 부르는데, 대화편의 순서를 정하는 것에 대해서는 논란이 많다. 플라톤이 손질을 끝낸 대화편들은 제자들이 모인 데서 읽히거나, 이 사람 저 사람의 손으로 옮겨져 복사되었을 뿐 순서는 표시되지 않았기 때문이다. 그러나 많은 학자들의 힘든 작업 덕분에 대개 오늘날엔 26편 내지 27편의 대화편 목록들이 가려졌다. 이러한 대화편들은 일반적으로 초기·중기·후기의 대화편으로 구분되는데, 각 시기별 대화편의 특징과 대화편 목록을 살펴보면 다음과 같다(각 시기별 목록표는 거트리(W.K.C. Guthrie)의 《그리스 철학사 *A History of Greek Philosophy*, Ⅳ》의 분류를 따랐다).

(1) 초기 대화편

소크라테스의 영향을 받던 젊은 시절의 대화편들이다. 이 대화편은 스승에 대한 기억을 되살리고 그의 사상을 옹호하며, 소크라테스의 사유 방식을 대화 형식으로 그리고 있다. 소크라테스의 사유 방식은 비판적 질문을 던짐으로써 대화자가 갖고 있는 편견을 드러내는 것이다.

《소크라테스의 변명*Apologia Sokratous*》, 《크리톤*Kritōn*》, 《라케스*Lachēs*》, 《리시스*Lysis*》, 《카르미데스*Charmidēs*》, 《에우티프론 *Euthyphrōn*》, 《소 히피아스*Hippias elattōn*》, 《대 히피아스*Hippias meizōn*》, 《프로타고라스*Prōtagoras*》, 《고르기아스*Gorgias*》, 《이온*Iōn*》, 《국가*Politeia* 제1권》

(2) 중기 대화편

플라톤이 성숙기에 쓴 대화편으로 아카데미아 설립 시기부터 전개된다. 중기 대화편에서도 대화의 인도자는 소크라테스고, 여기서는 플라톤의 이론 중에서도 실재와 본질에 관한 이론이 중요한 위치를 차지한다.

《메논*Menōn*》, 《파이돈*Phaidōn*》, 《국가*Politeia* 제2권~제10권》, 《향연*Symposion*》, 《파이드로스*Phaidros*》, 《에우티데모스*Euthydēmos*》, 《메넥세노스*Menexenos*》, 《크라틸로스*Kratylos*》, 《파르메니데스*Parmenidēs*》

(3) 후기 대화편

플라톤이 노년기에 쓴 대화편으로, 어렵지만 플라톤의 사상이 가장 풍부하게 반영되어 있다. 플라톤은 중기의 대화편에서 전개했던 철학으로 되돌아가면서도, 이를 더욱 깊이 탐구하기도 하고 변형시키기도 한다. 후기 대화편에서 소크라테스는 이제 중심 인물이 아니며, 심지어 플라톤의 마지막 작품인 《법률》에서는 등장하지도 않는다.

《테아이테토스*Theaitētos*》, 《소피스테스*Sophistēs*》, 《정치가*Politikos*》, 《티마이오스*Timaios*》, 《크리티아스*Kritias*》, 《필레보스*Philēbos*》, 《법률*Nomoi*》

그리고 철학자 슈퇴리히(H.J. Störig)는 위와 같은 플라톤의 대화편 가운데 가장 중요한 것으로 다음과 같이 열다섯 가지를 선정하여 평가하였다.

① 《소크라테스의 변명》: 재판 과정에서 소크라테스가 전개한 자기 변호 내용을 담고 있다.

② 《크리톤》: 법률의 존중에 관한 내용이다.

③ 《프로타고라스》: 덕성 중에서도 특히 그의 일원적 성격과 이를 가르치는 문제에 관한 소피스트학파와의 논쟁을 다룬다.

④ 《고르기아스》: 덕성에 관한 문제와 함께, 과연 이것이 교육적 대상이 될 수 있는가 하는 문제가 중심을 이룬다. 여기서 소피스트의 이기주의적 도덕은 불충분한 것으로 입증되고, 수사학(修辭學)도 역시 교육 수단으로는 부족한 것으로 간주된다.

⑤ 《메논》: '회상(回想)'으로서의 인식의 본질과 수학(數學)의 의의를 짚는다.

⑥ 《크라틸로스》: 언어에 관한 문제를 다룬다.

⑦ 《향연》: 이 글에서는 미와 선을 추구하는 철학적 열망을 발동시키는 힘으로서 에로스를 들고 있다. 또한 에로스를 완전무결하게 체현(體現, 구체적으로 실현함)하고 있는 소크라테스에 대한 알키비아데스(Alkibiades)의 찬사도 실려 있다.

⑧ 《파이돈》: 영혼 불멸론으로, 영혼의 초감각적 성격과 영원성의

의미를 다루는데, 여기서 바로 플라톤의 이데아론이 형성된다.

⑨ 《국가》 : 가장 포괄적이고도 내용이 풍부한 플라톤의 저작으로, 중년 이후에 몇 년 동안을 이 저술을 완성하는 데 소모했다. 개별적 인간에 관한 문제에서 시작하여 점차 사회 이론으로 확대해 감으로써, 결국은 플라톤 철학의 모든 영역을 대상으로 삼는다.

⑩ 《파이드로스》 : 이 대화편은 이데아론 및 '영혼의 3분설'과 관련해서 특히 중요한 의의를 지닌다.

⑪ 《테아이테토스》 : 지식의 본질에 관한 인식론적 고찰이 이루어진다.

⑫ 《티마이오스》 : 자연 철학을 논한 것으로, 천체부터 지상의 생명체에 이르는 모든 자연적 사물의 발생 과정이 다뤄진다.

⑬ 《크리티아스》 : 플라톤 시대보다 약 1만 년 전에 존재했다고 알려진, 오늘날까지도 끊임없는 추리의 대상이 되는 전설적인 섬 아틀란티스의 침몰 광경을 서술하고 있다.

⑭ 《정치가》 : 노년기의 플라톤이 지녔던 정치관을 담고 있다.

⑮ 《법률》 : 플라톤이 마지막으로 저술한 대작으로, 그가 사망한 뒤에 한 제자에 의해 출간되었다. 처음부터 끝까지 국가의 윤리적 기초와 시민 교육의 방법에 대한 플라톤의 주장을 담고 있다.

3. 《국가》의 내용 따라잡기

플라톤이 남긴 총 26편(또는 27편)의 대화편 가운데 우리가 읽은 《국가》가 있다. 그런데 《국가》라는 제목으로 번역되는 이 대화편의 원어 제목은 'Politeia'인데, 우리말로는 '정체'라고 번역하는 것이 더 어울린다. 하지만 《국가》라는 제목으로 이미 많이 알려졌고 또 쓰이고 있으므로, 우리도 편의상 《국가》로 부르기로 한다.

루소가 "인간 교육에 대한 세계 최대의 논문"이라고 지적한 바 있는 《국가》는 플라톤이 50세가 넘어서, 시대상으로는 기원전 380년대에서 370년대 사이에 완성된 것으로 보인다. 왜냐하면 글 속에 '좋음의 이데아'에 대한 내용이 나오는데, '좋음의 이데아'가 무엇인지를 깨달은 그의 나이로 미루어 볼 때 그러하다. 또한 플라톤이 시라쿠사로 초청을 받아 갔을 때가 기원전 367년으로 그의 나이 60세 때였는데, 이 무렵은 《국가》에 제시된 철인 통치자 사상이 세상에 널리 알려졌을 때이기 때문이다.

이 《국가》는 총 10권으로 되어 있는데, 플라톤 전집의 약 18%를 차지할 정도로 분량이 방대하다. 그 중에서 제1권은 대화 방식을 살펴볼 때, 다른 아홉 권보다 먼저 쓰여진 것으로 보인다. 그리고 제1권 후반부에 소피스트인 트라시마코스가 등장하여 소크라테스와 격론을 벌이는데, 그 때문에 제1권을 '트라시마코스'라는 제목으로 부르기도 한다. 제2권부터 제10권까지는 플라톤의 중반기 이후의 저술로 인정되기 때문에, 그 내용에서도 소크라테스의 영향은 많이 사라지고 플라톤 자신의 사상이 드러난다. 따라서 여기서 등장하는 소크라테스는 플라톤 자신인 셈이다.

플라톤은 《국가》에서 형이상학, 인식론, 윤리학, 정치 사상, 혼에 관한 이론(심리학), 교육학, 예술론 등 그야말로 다루지 않은 것이 없다고 할 정도로 다양한 분야를 다루고 있다. 철학자 화이트헤드(A.N. Whitehead)가 "서양 철학의 전통은 플라톤 저작에 대한 일련의 각주다."라고 말한 것은 바로 이런 점을 염두에 두고 한 말일 것이다.

훗날 사람들이 이 책의 부제를 '올바름에 관하여[정의론(正義論)]'라고 붙였듯이, 《국가》에서 논의의 초점은 '올바름', 즉 '정의'다. 이때 '정의'라는 단어의 뜻에 주목할 필요가 있다. 오늘날 우리들은 일반적으로 정의라고 할 때 '사회적 정의'를 떠올리며, 그것은 민주주의 사회에서 종종 평등의 관념과 연결되기도 한다.

그러나 플라톤이 말하는 '정의'란, 국가를 구성하는 세 계층 사이의 관계, 개인의 혼에 있는 세 요소 사이의 관계가 조화를 이룬 상태, 즉 '올바른 상태(저마다 알맞은 자리에 있는 상태)'로 있는 것을 말한다. 따라서 여기서는 '정의'라는 말보다 '올바름'이 훨씬 정확한 표현이라 하겠다.

《국가》는 이 '올바름'을 찾아서 떠나는 여행과도 같은 과정을 다룬다. 사람들 개개인의 올바름을 찾기 위해서 가상의 국가를 만들고, 국가의 올바름을 찾는 과정에서 국가를 이루는 세 개의 집단이 나온다. 지배자인 통치자를 육성하기 위한 교육과 양육 과정에서 재산과 처자의 공유, 철인 통치 사상과 '좋음의 이데아'가 등장한다. 또한 타락한 국가(정치 체제)들의 모습과, 시가 교육에 대한 부정적 입장, 네 가지 덕목(지혜, 용기, 절제, 올바름)과 같은 내용들이 나타난다. 그리고 마지막으로 올바른 사람이 가장 행복하다는 결론으로 끝을 맺는다.

그런데 플라톤의 다른 저술들과 비교해 볼 때 이《국가》는 상당히 유토피아적 요소가 강하다. 지상의 어디에서도 실제로 보기 어려운 '아름다운 국가', '훌륭한 국가'의 모델을 그리고 있기 때문이다. 따라서 이런 비현실적인 내용 때문에 플라톤은 종종 비판받기도 하는데, 플라톤 스스로도 이러한 비판을 받을 수 있음을 인정했다. 다만 이것이 하나의 '본보기'일 뿐 현실에서 실현된 것은 아니라고 말한다. 그리고 그는 말년의 대작《법률》에서,《국가》에서 제시한 문제들을 현실적으로 어떻게 처리할 것인지에 대한 처방을 내린다. 예를 들어 부자가 최대로 가질 수 있는 재산을 못 가진 자가 가진 것의 4배로 한정하고, 나머지는 국가에 헌납하도록 하는 것 등이다.

이제《국가》의 주요 내용을 되새겨 보면서 전체를 이해하도록 하자. 먼저 올바름의 탐색부터 국가의 수립까지 나아가는 과정을 살펴보자.

대화는 케팔로스라는 사람의 집에 사람들이 모이는 장면으로 시작된다. 참석한 사람은 소크라테스, 폴레마르코스, 글라우콘, 트라시마코스, 아데이만토스, 그리고 몇몇이 더 있다. 이날의 대화 주제는 '올바름이란 무엇인가?'이다.

가장 먼저 입을 연 사람은 케팔로스인데, 그는 '정직과 빚을 갚는 것이 올바름'이라고 말한다. 케팔로스의 아들 폴레마르코스는 '친구에게는 이롭게 해 주되, 적에게는 해롭게 해 주는 것이 올바름'이라고 말하고, 트라시마코스는 '올바름이란 강자의 이익'이라고 주장한다.

여기까지는 '올바름'에 대한 각자의 의견을 제시하는 것인데, 소크라테스는 먼저 트라시마코스가 주장하는 바가 논리적으로 올바르지 않다는 것을 논증한 다음, 이렇게 제안한다.

"올바름이 무엇인지를 알아보기 위해, 하나의 국가가 어떻게 수립되는지를 살펴보기로 하세."

이에 대해 모든 사람이 찬성하자, 소크라테스는 자신의 주장을 계속 펼친다.

"내 생각에 하나의 국가가 탄생하는 이유는 사람이 혼자서는 살아갈 수 없기 때문이야. 인간이란 필요한 게 워낙 많아서 서로서로 도우며 여럿이 함께 살 수밖에 없다는 말이지. 이렇게 함께 모여서 사는 것을 국가라고 부르기로 하지."

이에 대해 대화의 참석자들은 아무런 이견이 없다. 그러자 소크라테스는 계속해서 국가의 모습을 형성해 나간다. 최소의 국가에 필요한 인원과 자원 등이 논의된다. 의식주 해결과 더불어 외국과의 교역, 그리고 나라를 지키기 위한 전사의 필요성까지 논의된다.

"이 전사들을 국가의 수호자라고 부를 수 있어. 이들은 같은 국가의 시민에게는 온순하고 적에게는 사나워야 해."

"소크라테스 선생님! 어떻게 온순하면서 동시에 용맹스러운 사람이 있을 수 있지요?"

이에 대한 해결책으로 소크라테스는 국가의 수호자들을 올바르게 육성하기 위해서는 시가와 체육 교육이 필요하다고 말한다. 그리고 이런 수호자에 대해 더 자세하게 말하면서, 사람들을 세 부류로 나눈다. 명령을 하는 사람(완벽한 수호자, 통치자), 전투를 하는 사람(수호자의 협력자, 전사), 그리고 생업에 종사하는 사람(일반 시민)이 그것이다. 한마디로 플라톤이 생각하는 국가에는 1부 리그, 2부 리그, 3부 리그로 나누어진 백성들이 살고 있다. 그리고 그 가운데 어느 하나의 리그에서 태어난 사람은 특별한 이유가 없는 한, 평생 거기에서 벗어날 수 없다. 리그 사이의 신분 이동을 막기 위한 조치로, 소크라테스는 어쩔 수 없이 거짓말이 필요하다고 말한다.

이것과 관련된 대화 내용을 잠깐 살펴보자. 소크라테스는 이렇게 말한다.

"선을 위해서라면 거짓말을 하는 것도 허용될 수 있어. 그러니 사람들에게는 이렇게 말을 하도록 하지. '당신들은 모두 형제입니다. 그런데 신이 그대들을 빚을 때 통치하는 운명을 맡은 사람들에게는 금을 섞었고, 그 보조자들에게는 은을 섞었으며, 생산을 해야 하는 사람들에게는 쇠를 섞었소.'라고."

"그렇다면 상류 계급에 속한 한 시민이 어느 날 아이를 낳고 보니 쇠로 빚은 아이라는 걸 알게 되면 어떻게 하지요?"

"여러 말할 것 없이 일하는 사람들 사이에 집어 넣으면 돼. 그리고 생산자 집단 사이에서 태어난 아이에게 금이나 은의 낌새가 보이면, 부모에게서 아이를 **빼앗아** 적절한 집단에 넣어야 하는데, 이 일은 국가의 수호자들이 해야 할 일이지."

그리고 나서 소크라테스는 재산의 공유, 남녀의 평등한 대우와 처자의 공유, 공동 생활을 제시한다. 여기까지가 《국가》의 절반쯤 된다. 대화의 핵심 주제인 '올바름'이 무엇인지를 밝히기 위해 국가를 수립해 보았고, 국가를 수호하는 수호자들의 생활 모습까지 파고 들어가 보았다.

그런데 이런 내용을 읽다 보면, 현대를 사는 우리들의 시각으로는 인정하기 어려운 부분이 많다. 수호자들의 공유 부분을 보면 플라톤이 꿈꾸는 사회가 공산주의 사회 같기도 하고, 처자의 공유 부분은 비정상적으로 보이기도 한다. 그렇다면 왜 플라톤은 현대인들이 받아들이기 힘든 제안을 거침없이 했을까? 그럴 수밖에 없었던 그 시대의 상황을 잠깐 살펴보자.

당시 그리스는 수많은 도시 국가로 이루어져 있었다. 도시와 도시는 거의 완전히 격리된 적국이었다. 적들이 쳐들어 오면 성인 남자는 죽음을 당했고, 여자와 아이들은 노예가 되는 것이 보통이었다. 따라서 그리스에서 살아남기 위해서는 도시를 둘러싼 높다란 성벽과 적당한 위치의 아크로폴리스, 그리고 막강한 군대가 있어야만 했다.

플라톤은 20세 무렵, 아테네가 스파르타에 패배한 전쟁을 경험했다. 스파르타는 아테네를 이기고 나서, 아테네의 성벽을 허물고 민주 정체의 지도자들을 처형했다. 그 대신 과두 정체를 세웠는데, 과두 정체의 지도자들이 공포 정치를 펴면서 사회적으로 혼란이 일어나고 가치관이 상실됐다. 이런 상황을 보면서 자란 플라톤이 올바름을 실현할 체제를 찾은 것은 자연스러운 일이었고, 그가 선택한 모델은 승자가 가진 체제일 수밖에 없었다. 그것은 강력한 질서를 유지하는 계급적 상하 관계와 남녀평등을 특징으로 하는 스파르타식 모델이었다.

플라톤이 상상한 국가가 적들로 둘러싸인 작은 국가로 설정된 이유도 바로 이런 역사적인 사실과 연관이 있다. 그리고 이 국가의 백성들이 개인이 아니라 집단을 사랑하는 사람이어야 하는 까닭도, 국가의 넓이는 적정 인구를 유지하는 도시와 그 주변의 경계를 벗어나서는 안 된다고 못박는 이유도 여기에 있다. 그에게 국가는 가정을 벗어난 별개의 사회가 아니라, 한 가정이 그대로 확대되어 나타난 것이다. 그렇기 때문에 플라톤이 국가 생활에서 무엇보다도 조화와 일체감을 강조한 것은 당연하다고 할 수 있다.

이어서 플라톤은 논의를 더욱 진전시켜 철인(철학자) 통치를 주장한다. 그리고 철학자는 어떤 사람인가를 논의하면서, 플라톤 철학의 백미로 꼽히는 '이데아론'을 펼친다. 플라톤은 실재와 현상의 차이를 설명하기 위해 '동굴의 비유'를 들려준다. 유일하고 순수하며 변화하지 않는 것과, 다양하고 순수하지 못하며 변화하는 것의 차이점을 보여 주려고 동굴의 비유를 끌어들인 것이다.

커다란 동굴이 있다고 가정해 보자. 그 안에는 어릴 때부터 사슬에 묶인 채, 동굴 입구 쪽으로 몸을 돌리지 못하고 동굴 안쪽의 벽만 바라보며 살아가는 죄수가 있다. 이 죄수들이 직접 볼 수 없는 동굴의 입구 쪽에는 길이 하나 있고, 횃불이 있어서 지나다니는 사람들을 비추어 주며, 그 뒤로는 기다란 담장이 쳐져 있다. 그리고 입구에서는 여러 가지 물건을 둘러멘 사람들이 왔다갔다 한다. 마치 관객들에게 인형극을 보여 주는 것과 같은 상황이다. 이 사람들은 큰 소리로 말을 하며 지나가는데, 동굴 속에서는 울림 때문에 그 말소리가 웅웅거리는 소리로만 들린다. 동굴 밖의 세계에는 태양이 있고, 우리가 보는 진짜 자연이 있다.

플라톤은 여기서 우리에게 다음과 같은 질문을 던진다.

"사슬에 묶인 사람들은 동굴 벽을 따라 끊임없이 오고가는 그림자와 웅웅거리는 소리를 무엇이라고 생각하겠는가?"

그리고 플라톤 자신이 답을 내놓는다.

"자신들이 보고 있는 그림자와 듣고 있는 소음이 진정한 실재라고 죄수들은 믿을 것이다."

그런데 동굴 속에 갇혀 있던 사람 가운데 한 명이 사슬이 풀려서 몸을 돌려 입구를 보게 되었다. 처음에는 햇빛에 눈이 부셔서 제대로 보지 못하니, 동굴 벽의 그림자가 오히려 더 선명하다고 생각할 것이다. 그러나 동굴 밖으로 나와 태양 빛에 눈이 익숙해지면, 그때까지 자기가 보았던 것은 진짜 사물의 그림자일 뿐임을 깨달을 것이다. 이 사람이 다시 동굴 속으로 들어가면 무슨 얘기를 들려줄 것인가를 상상해 보자.

"친구들! 자네들은 아무것도 몰라. 저기 밖에는 정말 믿을 수 없는 것들이 있네. 엄청난 빛이 있는가 하면, 뭐라고 해야 할지 모르는 물건들도 있어. 여기 우리가 아침부터 저녁까지 보는 것들은 전부 그림자일 뿐이야!"

그러나 아무도 그의 말을 믿으려 하지 않을 것이다. 오히려 그를 놀려 댈 것이고, 심하면 그를 죽이려고 들지도 모른다.

이와 같은 '동굴의 비유'에서 태양은 '존재' 또는 '지식'을 가리키고, 그림자는 '비존재' 또는 '현상'을 가리킨다. 동굴 밖으로 나가는 것은 변하지 않는 이데아의 지식에 도달하는 것이다. 동굴을 벗어난 죄수가 보게 되는 빛의 세상, 즉 그림자로 보는 가짜의 세상이 아닌 사실대로 보게 된 참세상을 플라톤은 '이데아의 세계'라고 부른다.

이데아의 세계란 우리의 감각으로는 알 수 없지만, 이 세상 모든 사물의 배후에 있는 본질적인 세계를 말한다. 따라서 이 세상에 존재하는 모든 사물에는 각각의 이데아가 있다. 컴퓨터의 이데아도 있고, 밥의 이데아도 있고, 돈의 이데아도 있다. 그런데 우리는 컴퓨터, 밥, 돈을 우리의 감각 기관을 통해서 보거나 맛보고 만질 수 있지만, 그 각각의 이데아는 감각 기관을 통해서는 인식할 수 없다.

여기에서 플라톤은 바로 지성을 강조한다. 인간은 지성의 능력을 사용하여 진정한 세계, 참세계인 이데아의 세계를 추구할 수 있다는 것이다. 예를 들어, 철수네 밥이나 영희네 밥은 우리가 눈으로 보고 맛으로 느낄 수 있지만, 우리가 철수네 밥이나 영희네 밥 모두를 밥이라고 부르게 하는 가장 근본적이고 변하지 않는 밥의 '그 무엇', 다시 말해 밥의 '본질'이 있는데, 우리는 이 밥의 '본질'을 감각 기관을 통해서는 알 수가 없다. 이것은 오로지 인간의 정신적 능력인 지성을 통해서만 인식할 수 있다는 것이다.

그렇다면 왜 플라톤은 이와 같은 독특한 이데아론을 전개했을까?

앞에서도 말했지만 플라톤이 살았던 시기는 정치적으로나 도덕적으로 매우 불안정한 시기였다. 선동 정치가들과 소피스트들이 아테네를 휘젓고 다녔기 때문에, 무엇이 좋고 무엇이 옳은 것인지를 분별하기 힘든 불확실성의 시대였다. 이런 혼란스러운 시기를 살고 있던 플라톤이 유일성과 불변성을 가진 이데아를 꿈꾼 것은 당연하다. 어떤 의미에서 보면 플라톤과 같은 시대를 살았던 사람들은 모두 이러한 변하지 않는 무엇인가를 바라고 있었다고 보아야 한다.

그리고 이러한 이데아 중에서도 플라톤이 최고의 이데아로서 태양에 비유한 것이 '좋음의 이데아'다. 이것은 인간이 추구하는 이데아, 또는 이상 가운데 최고의 것으로, 플라톤이 인간의 삶에서 '선하게' 사는 것을 얼마나 중요하게 여겼는지를 보여 주는 부분이다. 이것은 윤리적 삶의 중요성을 강조했던 소크라테스의 영향을 많이 받은 것이라고도 생각할 수 있다. 그리고 이러한 이데아론을 통해 우리는 플라톤의 이성 중심주의, 이상주의의 특징을 엿볼 수 있다.

이제 《국가》는 마지막 결론을 향해 치닫는다. 가장 훌륭한 국가(최선자 정체)가 어떻게 타락해 가는지를 보여 주면서, 타락한 국가의 정체를 순서대로 명예 정체, 과두 정체, 민주 정체, 참주 정체로 나누어서 설명한다. 그리고 다시 올바른 사람이 행복한가, 올바르지 못한 사람이 행복한가에 대해서 참주를 예로 들어 설명하다가, 올바른 사람만이 행복할 수 있다는 결론에 도달한다. 그리고 '에르의 신화'를 통해 올바른 사람에 대한 신의 보상을 다루며 《국가》를 끝맺는다.

4. 《국가》가 주는 교훈

플라톤의 《국가》는 현실에 적용하기 어려운 과감한 제안을 하고 있기 때문에 오랫동안 끊임없이 논쟁의 대상이 되어 왔다. 그 논쟁의 핵심이 어디에 있든 《국가》가 그만큼 논쟁거리가 된 것은, 인간 본성과 국가 생활에 대한 우리의 관심과 희망을 이 작품이 적나라하게 보여 주기 때문이다. 또한 《국가》에서 제시하는 모습을 바탕으로 현재의 삶을 반성해 볼 수 있기 때문이기도 하다.

그런데 우리가 《국가》의 내용을 이해하기 위해서는 오늘날의 눈이 아니라 플라톤이 살았던 시대의 눈으로 볼 필요가 있다. 플라톤 비판자 가운데 한 명인 칼 포퍼(K. Popper)가 플라톤을 '자유의 적이요, 열린 사회의 적'이라고 비판했을 때, 그 비판의 시각이 지극히 현대적이었기에 아쉬움이 남는 것도 이 때문이다. 실제로 플라톤이 철인 통치자를 그렸다고 해서 그가 독재 정치를 옹호한 것도 아니고, 그렇다고 민주주의를 더 좋아한 것도 아니었다. 그에게 중요한 것은 가장 이상적인 정치 체제는 어떤 것이어야 하며, 그 체제를 이끌 지도자는 어떤 품성을 가져야 하는가였다.

이렇게 타락한 현실을 극복할 방안으로 이상 사회를 제시한 플라톤의 《국가》는 단순한 고전이 아니라 우리의 정치적 · 사회적 현실을 끊임없이 뒤돌아보게 하는 거울과도 같은 책이다. 이 점이 우리가 오늘날 《국가》를 다시 읽는 진정한 이유이며, 플라톤에 대한 다음의 찬사가 가슴에 와 닿는 이유이기도 하다.

"자기의 생애와 가르침을 통하여 모든 유한한 우리 인간에게 플라톤이 똑똑히 가르쳐 준 것이 있으니, 그것은 인간이란 오직 정직함으로써만 '동시에' 행복할 수도 있다는 것이다. 그러나 그가 죽은 지금 더이상 아무 말도 없으니, 이것을 우리에게 깨우쳐 줄 사람 또한 어디에도 없는 것이다."

—아리스토텔레스

"플라톤은 마치 이 세계에서 얼마 동안만이라도 고이 쉬고 가기를 원하는 축복받은 사람 같은 태도로 세계를 대했다. ……탐색하기 위해서라기보다는 오히려 깊은 골짜기들을 자기의 본질로 가득 메우기 위해서 그는 모든 문제의 심층까지 파고들려 했으며, 높은 곳을 향하여 비상하고자 했다. 그것은 다름 아닌 자기 존재의 근원지로 되돌아가려는 그리움을 안고 있었기 때문이다. 그가 표현하는 모든 것은 영원한 전체와 선과 참다움과 아름다움에 관한 것으로, 그는 이와 같은 모든 것이 사람의 가슴마다 되살아나기를 바랐던 것이다."

—괴테

플라톤 연보

기원전 428년(427년)	플라톤은 5월 7일 아테네에서 태어났다. 아버지 아리스톤은 플라톤이 어려서 죽었고, 어머니 페리크티오네는 숙부 퓌릴람페스와 재혼했다. 플라톤에게는 나이 차이가 많이 나는 형 아데이만토스와 글라우콘이 있었고, 누이 포토네가 있었다.
기원전 413년(14세)	가을에 시칠리아로 원정 나간 아테네 해군이 전멸당했다.
기원전 407년(20세)	비극 경연 대회에 참가하러 가던 플라톤은 소크라테스를 처음 만나 몇 마디 대화를 나누게 된다. 그 대화를 통해 자신을 부끄럽게 여기게 된 그는 직접 쓴 글을 불태워 버리고 소크라테스의 제자가 된다.
기원전 399년(28세)	소크라테스가 사형을 당한다. 플라톤은 큰 충격을 받고 이른바 편력 시대(遍歷時代)로 들어간다.

기원전 394년(33세)	코린토스 전쟁이 발발한다. 플라톤은 이 전쟁에 참가해서 혁혁한 공훈을 세웠다고 전해진다. 이 무렵 플라톤은 메가라, 타라스 등을 여행하며 견문을 넓혔다.
기원전 392년(35세)	시칠리아의 시라쿠사에 건너가서 참주 디오니시오스와 그의 처남 디온을 알게 된다. 이러한 편력은 40세까지 12년간이나 계속되었고, 그동안 소크라테스적 대화편을 많이 발표했다. 《소크라테스의 변명》, 《크리톤》, 《프로타고라스》, 《고르기아스》, 《이온》 등이 그것이다.
기원전 387년(40세)	시칠리아 여행에서 돌아와 아카데미아 학원을 열어 조직적으로 철학의 공동 연구, 교육, 강의를 했다. 플라톤은 40세에서 60세까지 비교적 평온한 가운데 아카데미아에서 저작 활동과 교편 생활을 했을 것으로 짐작된다. 이 사이의 저작으로는 《파이돈》, 《향연》, 《국가》, 《테아이테토스》 등이 있다.

기원전 367년(60세)	시라쿠사의 디오니시오스 Ⅰ세가 갑자기 죽자, 디온의 요청으로 시라쿠사로 가서 이상 국가를 실현해 보려고 한다. 그러나 플라톤이 염려했던 대로 반대파에 부딪쳐 실패하고, 1년 정도 붙들려 지낸 뒤 간신히 아테네로 돌아올 수 있었다.
기원전 361년(66세)	한편 추방당한 디온은 아카데미아에서 철학을 배웠다. 플라톤은 디오니시오스 Ⅱ세의 요청으로 시라쿠사로 돌아갔다. 그러나 디온에 관한 일로 문제가 되어 플라톤은 생명의 위협까지 받는다.
기원전 360년(67세)	시라쿠사에 붙들린 플라톤은 이탈리아의 아르퀴타스에게 연락하여 구원을 요청했고, 그가 보낸 배로 간신히 아테네로 돌아올 수 있었다.
기원전 357년(70세)	이 같은 사실을 들은 디온은 크게 노하여, 아카데미아 학생들의 응원을 얻어 시라쿠사에 건너가서 혁명을 성공시킨다. 플라톤은 이 사실을 기뻐하여 앞으로 주의할 사항을 디온에게 써 보낸다.

기원전 353년(74세)	디온은 배신자의 흉검에 맞아 쓰러지고, 정권은 디온의 동지들 수중으로 들어간다. 이 시기(60세~80세) 플라톤의 저작으로는 《소피스테스》, 《필레보스》, 《티마이오스》, 《법률》, 《크리티아스》, 《서간집》 등이 있다.
기원전 347년(80세)	플라톤은 늙어서도 저작 활동을 계속했는데, 헤르미포스에 따르면, 이 해에 어느 결혼식 축하연에서 죽었다고 한다. 또 키케로에 따르면 글을 쓰다가 죽었다고도 한다.